华罗庚

中国现代数学之父

袁占才 ◎ 编著

中国社会出版社

"世界名人非常之路"编委会

主　　任：刘明山
编　　委：周红英　王汉卿　高立来　李正蕊　刘亚伟　张雪娇
　　　　　方士娟　刘亚超　张鑫蕊　李　勇　唐　容　蒲永平
　　　　　冯化太　李　奎　李广阔　张兰芳　高永立　潘玉峰
　　　　　王晓蕾　李丽红　邢建华　何水明　田成章　李正平
　　　　　刘干才　熊　伟　余海文　张德荣　付思明　杨永金
　　　　　向平才　赵喜臣　张广伟　袁占才　许兴胜　许　杰
　　　　　谢登华　衡孝芬　李建学　贺欣欣　刘玉磊　王莲凤
　　　　　刘振宇　张自粉　苗晋平　卓德兴　徐文平　王翠玉

写在前面的话

童年时代的夏夜,我和小伙伴们时常躺在家乡的草坪上,仰望着美丽的星空,偶尔还能看见流星划过,那时的欢呼与过后的惊诧至今仍历历在目。冬天的早晨,我们则常常流连于冰雪覆盖的小路,经常因堆雪人和打屋檐的冰凌锥而忘记了上学。当然,春天和秋天对于孩子们来说,更是大自然赐予最慷慨、最丰厚的时候。无论是春花的烂漫还是秋果的诱人,至今都是我心中最温暖的回忆。

随着年岁的增长,许许多多扑朔迷离的自然现象,构成了一个又一个神秘莫测的奥秘。自然界的事物不再只是心头美丽的驻足,而是慢慢地变成了诸多诱使我去探索的动力。幸好,学校的数、理、化、生物等课程给了我一些答案。但是,课本的知识毕竟十分有限,而阅读课外书籍给了我巨大的帮助。

在成长过程中,随着知识的增加,我的好奇心也越来越强,迫切地想要了解那些发明创造的过程和那些奇思妙想的主人。是谁捡到了那只证明了万有引力的苹果?是谁让漆黑的夜晚亮如白昼?是谁开启了工业时代的大门?又是谁让人类迎来了飞天的奇迹?是他们,站在科技前沿的科学家们,带着诸多疑问,不断地对我们生存的空间进行研究,渴求破译这充满超自然现象的世界。是他们一步步带领着我们进入科技时代。

茫茫宇宙中是否还存在其他智慧生物?如何科学地解释人体与自然的离奇现象?他们用不断探索的精神引领我们认知世界,辨别真伪。我们为他们的创造精神而感动,为他们的科研成果而骄傲,更为他们对人类的贡献表示由衷的感谢!

写在前面的话

被逼"退学"的发明大王爱迪生，中国现代数学之父华罗庚，带给人类动力的发明家瓦特，太空探索的先驱者布劳恩，实验科学研究的先驱伽利略，为人类插上翅膀的莱特兄弟，放射性元素之母居里夫人……我们将这些科学家的故事汇集起来，编撰成册，希望能让读者朋友们全面了解他们的一生和那些与他们无法分离的伟大事迹，使大家从中有所收获。

就让我们一同走近这些科学家，了解他们发明创造背后的故事，让他们的成长历程启示我们；让他们的挫折坎坷激励我们；让他们的灵感火花指引我们，让我们站在巨人的肩膀上，走向更高的目标，实现更伟大的理想！

"世界名人非常之路"大型系列丛书之"科学家成长之路"篇，就是这样一套专门拓展中学生科学视野，提高科学素养的图书。让我们沉醉于神奇、瑰丽的大千世界之中，感受科技的强大，伟人的魅力，从而启迪智慧，丰富想象，激发创造，培养青少年热爱科学、献身科学的决心，以及热爱人类、保护环境的爱心。

丛书紧密结合当前中学教材中涉及的历史名人，以及物理、化学、生物、地理、天文、材料、医学、能源、环境、航空航天等多方面的科学知识。在这里，科学家的成功不再神秘，愿科学家的成长之路能够成为你开启成功之门的金钥匙。

年轻的朋友们，让知识为你们的梦想插上科学的翅膀吧！

华罗庚

人物简介

生卒与经历

华罗庚（1910~1985），世界著名数学家，中国解析数论、矩阵几何学、典型群、自守函数论等多方面研究的创始人和开拓者。国际上以华氏命名的数学科研成果就有"华氏定理""怀依—华氏不等式""华氏不等式""普劳威尔—加当华定理""华氏算子""华—王方法"等。

华罗庚于1910年11月12日生于江苏省金坛县，他自幼贪玩，学习成绩并不好，13岁进入金坛县立初级中学学习，后来深深爱上了数学，并表现出极高的天赋。

1925年初中毕业后，华罗庚在上海中华职业学校学习不到一年，因为家境贫寒而辍学，回家后刻苦自修数学。

20岁时患伤寒病，造成左腿残疾。

1930年，华罗庚在《科学》上发表了关于代数方程式解法的文章，受到熊庆来的重视，被邀到清华大学工作。1936年，他作为访问学者去英国剑桥大学进修。1938年回国，受聘为西南联合大学教授。

1946年，华罗庚赴美国工作，一直至新中国成立后，于1950年回国。先后任清华大学教授、中国科学院数学研究所所长等职。他在置身于数学研究工作的同时，还注重人才的培养。

从20世纪60年代开始，华罗庚把数学方法应用于实际，筛选出以提高工作效率为目标的优选法和统筹法，取得显著经济效益。

1985年6月12日，华罗庚率团到日本访问，最后因为心肌梗死而在讲台上逝世，享年74岁。

成就与贡献

华罗庚是在国际上享有盛誉的数学家，他的名字在美国施密斯松

华罗庚

尼博物馆与芝加哥科技博物馆等著名博物馆中,与少数经典数学家列在一起。他被选为美国科学院国外院士、第三世界科学院院士、联邦德国巴伐利亚科学院院士。又被授予法国南锡大学、香港中文大学与美国伊利诺伊大学荣誉博士。

华罗庚在解析数论、矩阵几何学、典型群、自守函数论、多复变函数论、偏微分方程、高维数值积分等广泛的数学领域中都作出卓越贡献。

由于华罗庚的重大贡献,有许多用他的名字命名的定理、引理、不等式、算子与方法。

华罗庚在生前发表专著与学术论文近300篇,解决了一些世界数学史上长期未能攻破的难题,为数学的发展作出了重大的贡献,华罗庚还根据中国实情与国际潮流,倡导应用数学与计算机研制。他身体力行,亲自去27个省市普及应用数学方法长达20年之久,为国家经济建设作出了重大贡献。

地位与影响

华罗庚被称为"中国数学之神""中国现代数学之父""人民数学家",是新中国成立以来,"感动中国100人物之一"。他还被认为是中国计算机界的两位功勋科学家之一,为计算机的发展作出了重大贡献。

华罗庚是当代自学成才的科学巨匠,是世界著名的数学大师。他是中国解析数论、典型群、矩阵几何学、自守函数论与多复变函数论等很多方面研究的创始人与开拓者。为矩阵几何学的发展奠定了基础。

20世纪40年代,他解决了高斯完整三角和的估计这一历史难题,得到了最佳误差阶估计,此结果在数论中有着广泛的应用;对华林问题及塔内问题的结果作了重大的改进,至今仍是最佳纪录。

华罗庚开创了中国数学学派,并带领其达到世界一流水平。培养出众多优秀科学人才,如王元、陈景润、万哲先等。

目录

华罗庚

穷苦童年

好奇心强的罗罗 2
勇揭真相的小英雄 7
对数学有了兴趣 11
显露非凡的才华 15
因家庭贫困退学 20

自学成才

不向命运低头 26
身虽残志更坚 32
努力终见成效 37
得到数学家赏识 43
爱国的优秀教师 49
别具一格的学者 53

艰难岁月

在国难中艰苦度日 58
与闻一多的友谊 62
返回家乡探望故友 68
赴美从事研究工作 73
绕道欧洲回归祖国 77

为了祖国

被清华委以重任 84

华罗庚 目录

悉心培养人才…………………………………… 92
计算机界的功勋………………………………… 107
推广优选法、统筹法…………………………… 116
组建普及小分队………………………………… 123
迎难而上讲"双法"……………………………… 129

晚年贡献

废寝忘食地工作………………………………… 140
毕生致力于教育………………………………… 149
为国争光添彩…………………………………… 159
担负新的重任…………………………………… 167
应邀赴美讲学…………………………………… 175
在讲台猝然倒下………………………………… 180

附　录

经典故事………………………………………… 190
年　谱…………………………………………… 194
名　言…………………………………………… 197

穷苦童年

凡是较有成就的科学工作者,毫无例外地都是利用时间的能手,也都是决心在大量时间中投入大量劳动的人。

—— 华罗庚

好奇心强的罗罗

江苏省金坛县是镶嵌在美丽富庶的江南平原上的一颗璀璨的明珠。这里四季分明,气候宜人,特产丰富。

1910年11月12日的夜晚,寒风呼啸,天气格外冷。

突然从金坛县城大桥东头传来了一阵婴儿的啼哭声,笑容满面的接生婆抱着一个刚出生的婴儿,冲着门外焦急等候的男主人,高兴地说道:

"恭喜,恭喜,是个男孩!"

听到接生婆的报喜,这个年过四旬的男人,兴奋得手舞足蹈起来。他乐得合不拢嘴,一边向接生婆连连道谢,一边抱起儿子看了又看,亲了又亲。

然后,他拿起箩筐把孩子轻轻往里一放,接着又在上面扣上了另一个箩筐,嘴里开始念叨着:

"进箩避邪,同庚百岁。"

据说,把刚出生的孩子放进箩筐可以生根,容易养活,所以这个被放进箩筐的小男婴根据箩根的谐音,取名为罗庚。他就是日后闻名天下的大数学家华罗庚。他的名字包含着父亲对他的良好祝愿。家里人与乡里人还亲热地称华罗庚为"罗罗"。

华罗庚的父亲名叫华瑞栋,号华祥发,人称华老祥,原江苏省丹阳县舫仙桥人,后来搬到金坛定居。

华瑞栋从13岁时就开始做学徒,学做生意,非常精明,也很能干。

后来,他自己筹资开了一家小店,小店的生意在他精心的打理下越做越大,逐渐有了规模。最后小店发展起来,成了一家颇具规模的大店。

因经营有方，知名度越来越高，他还当选了县商会的丝业董事。

有了钱之后，华老祥便逐渐放松了对生意的经营，加上运气不佳，突如其来的一场大火把大店烧了个精光。

华老祥不得不将所有的家当重新盘点一下，才勉强又开了一家小店，以维持家用。

华老祥的小店名叫"乾生泰"，坐落在金坛清河桥之东，主要经营一些日用杂货，如棉线、火柴、蜡烛、香、香烟之类的小东西，同时它还是一个代销店，主要卖棉花，从中拿点有限的佣金。

华老祥的确很精明，只要他用手摸一下生丝与棉花，就知道它们是属于什么等级，值多少钱一斤。尽管如此，一家人也仅仅是刚能维持温饱。

华罗庚的母亲叫巢性清，她是江苏省武进县孟河镇人。她身体一直不好，常年患病，婚后十多年都没有生育，直到快40岁才生下一女，叫华莲青。

那个时候，封建礼教有云："不孝有三，无后为大。"

华罗庚的母亲就更加迷信佛教了，每天除了做些家务外，就是吃斋念佛，祈祷丈夫能够恢复往日的光耀，希望自己能够生个白白胖胖的儿子，好为华家传宗接代。

华罗庚的降生给这个贫困的家庭带来了一点生气和欢乐，但生意的艰难很快就冲淡了这份欢乐。

这一时期，正是外国的资本大量入侵中国市场的时候，随之而来的是中国的民族资本纷纷破产。这样一来，收购蚕茧的生意也越来越冷清，像华老祥这样的依靠小杂货店营生的日子也就越来越艰难了。

尽管如此，华老祥对他的独生子华罗庚仍是相当宠爱，不仅家里仅有的那点儿细粮都给儿子吃了，他还专门饲养了一只母鸡，为的是用鸡蛋给华罗庚补养身体。

虽然华罗庚的姐姐华莲青比他大不了几岁，可是她每次都眼巴巴地看着弟弟津津有味地吃着鸡蛋,她只有看的份儿了。

华罗庚小时候很羡慕骑马的人,他居然把家里唯一的一张完好无损的小木凳子,给钻了一个铜钱般大小的洞,然后用一根绳子套着当马骑,嘴里还叫着:

"马嘟嘟,马嘟嘟。"

华老祥看了不仅没有责怪他,反而得意扬扬地说:

"看看,我家的小罗罗,多聪明啊,自己能做小马了!"

稍大些,华罗庚又把小店的柜台当马骑,跳上跳下,一前一后,学着骑马人的样子。华老祥是越看越喜欢,见人就夸:

"看看,我家小罗罗多棒啊,既聪明又灵活,大了以后一定能够当大官,发大财!"

华老祥的话说得有点早,这个小罗罗在3岁的时候,就遭遇了人生的第一次大劫,并差点因此失去生命。

那是一个盛夏的早上,华罗庚和他的母亲回老家省亲。

因为在头天晚上,下了一场大暴雨,道路变得泥泞难走,他们母子二人便雇了一辆人力推车。华罗庚年纪小,对一切都充满了好奇,一会儿看看这边,一会儿看看那边,一会儿又站起来,蹦上两下。总之,这一路上还不够他折腾的呢。

走着走着,华罗庚看见了一只飞舞的蝴蝶,他高兴地嚷着:

"妈妈,快看,蝴蝶,我想要蝴蝶!"

说着,他就起身想去抓,华罗庚的母亲一看,急忙把他按下,"罗罗,咱们在桥上呢,别乱动,太危险了。"

小华罗庚的眼里只有

那只蝴蝶，这些话他哪里听得进去，他使劲地想挣脱母亲的禁锢，而华母紧紧地拽着他，怕他乱跑……

就在这母子俩较劲儿的时候，那个推车的脚底一打滑，小推车一歪，华罗庚母子双双掉进了河里。

"救命啊……"

母亲一边拼命地呼喊，一边使劲把罗罗往上托。

突然一个浪头打了过来，母亲被冲到了河中间，身子开始往下沉。就在这万分紧急的时刻，母亲觉得有人在水底把她推了一把，原来是又一个浪头把母子俩推到了岸边。

这时候岸上已经聚集了很多人，大家七手八脚地把他们母子拉上了岸。幸亏母亲的舍命相救，罗罗只是呛了几口水，并没有大碍。

经过这件事情后，华罗庚的母亲就更加信奉菩萨了。她还专门去附近的寺庙请了一尊佛像，摆在家中，早晚供奉，同时命令罗罗每天必须给菩萨上香，以感谢菩萨的救命之恩。

小罗罗刚刚3岁多，这次的遭遇早就被他抛在了脑后，他可不管什么菩萨不菩萨的，每天只知道哪里好玩往哪里钻，完全不理会母亲的教诲。

金坛很闭塞，只要有一点点小事，大家就会围着看热闹。

有一天，突然有一辆汽车开到了金坛，这下可把金坛给轰动了。罗罗更是高兴，他四处嚷着：

"大家快来看呀！来了个怪物，还有两只大眼睛呢！"

华罗庚在那汽车的旁边，徘徊了一圈又一圈，想摸摸又不敢摸，就在他犹豫的时候，汽车的主人回来了，看见他笑着说：

"小朋友，知不知道这是什么？"

"不知道，"罗罗摇摇头，接着他反问了一句，"叔叔，这是不是怪物啊？它吃不吃人啊？"

那人听了哈哈大笑，"不，不是。这叫汽车，它是不用人拉的车，它烧的是汽油，跑起来比马还快呢。"

看着罗罗一脸的迷惑，那人接着说：

"小朋友，要是不信，你自己摸摸，它不咬人的。"

华罗庚试探性地伸出了手，可是他还是有点害怕，那车主见了，连忙自己也把手放到了车身上，"看，不咬手吧！"

华罗庚这才鼓足了勇气，把手放了上去，"呀！真的不咬手啊！"

他高兴地叫了起来，把另一只手也放了上去。

"来，小朋友，上来坐坐，叔叔带你兜一圈！"

"真的？！"

"当然了，大人哪能骗小孩呢，上来啊。"

华罗庚上了车，随汽车在附近转了一圈，他感觉一切都是那么的新奇，快乐得简直像飞上了天……

这次奇遇让华罗庚不仅认识了汽车，更让他认识了外边的世界，他那颗好奇的心蠢蠢欲动，想把这世界了解得更多、更清楚。

勇揭真相的小英雄

俗话说"有苗不愁长",一转眼,华罗庚到了上学的年龄。可是这时的罗罗,仍像以前一样,贪玩好热闹,不管是充满乡土气息的社戏、光怪陆离的灯节,还是吵吵闹闹的船会,反正哪儿热闹,他就往哪儿钻,时常一去就是半天,急得家里四处寻找。有时一支吹吹打打的出殡队伍,他也要跟在后面走上一遭。

由于他的贪玩,老师时常找到家里,母亲气得直跺脚:"我们前世作了什么孽呀,生了这么个野孩子!"她一把抓住罗罗的胳膊,逼他跪在菩萨跟前,向菩萨"求智慧,拜聪明"。

可是华罗庚"顽劣成性",往往是今天挨了打,明天还依然自干自的。这不,前两天刚刚因为考试不及格挨了一顿暴揍,今天又逃课去看庙会了。

这次的庙会格外地热闹,因为菩萨"显灵"了。只见"菩萨"骑着高头大马,头上插满了鸡毛,不断双手合掌,从县城东门外的青龙山神气活现地进城来了。他一边走,还一边嘴里念念有词。

百姓们看见这情景,纷纷跪倒在地,"当当"地磕起了响头,唯恐怠慢了"菩萨",遭到报应。

在"菩萨"的身后是几个小和尚,他们每个人手里都拿着个盘子,一边走一边对大家说:"最近,我们的庙宇需要修建一下,各位施主,可否捐点钱财,用以修缮'菩萨'的金身?"

一听是修缮菩萨的金身,人们纷纷往外掏钱,那几个小和尚看见有人在犹豫,又说:"这可是积攒功德的好机会啊,大家不要错过了,到时候'菩萨'一高兴,你们可是什么都有了,想钱的有钱,想得子的得子，想求药的有药……"

经过他们这么一说，那些犹豫的人，也纷纷把手伸进了口袋。那几个小和尚趁机又说道："你们千万不要吝啬啊，否则金身修不好，'菩萨'一生气，谁也说不准会降什么灾祸下来呢。"

这话一出口，人们把自己口袋里的钱都掏了出来，争先恐后地投向那个化缘的盘子，唯恐自己的钱投晚了，"菩萨"会怪罪。

夹在人群当中的华罗庚看见此种情景，心里充满了困惑："菩萨不是救人于水火的吗？为什么不修真身就要发怒，要给人们带来灾祸呢？为什么给了钱，他就能够让你实现愿望呢？神仙不是不用钱的吗，他到底是人还是神啊？"

华罗庚的头脑中闪现出了无数个问号。他决心要弄个水落石出。他跟在人群后面挤来挤去，一直走了七八里路。这时候的天色已经黑了，看热闹的人大多已经回家了，只剩下华罗庚自己还尾随在"菩萨"的身后。

他又跟了一会儿，发现"菩萨"和那几个小和尚钻进了附近的一个茅屋。

"咦，他们不是应该回寺庙的吗？怎么进了那里？"想着想着，华罗庚也来到了茅屋前，他顺着这茅屋转了一圈，找到了一扇窗户，于是就趴在窗户上向里望去。

只见那个"菩萨"已经卸了装，分明就是一个人。他和那几个小"和尚"把化缘得来的钱堆在一起，正兴致勃勃地数着呢，一边数还一边说："这帮傻瓜，真好骗，这世上哪有什么菩萨！"

那几个小和尚也附和着："大哥说得对，这帮傻老帽，不骗他们骗谁啊！都什么年代了，还信这神啊鬼啊的！哼，活该！"

华罗庚的头都要气炸了，这都是乡亲们的血汗钱啊，是他们一分一分地攒下来的，竟然被这些骗子给骗了。他想立刻冲进去，把这些人抓起来，可是转念一想，自己还是个孩子，而且对方的人多。于是

他转过身,就向家拼命跑去。

华罗庚气喘吁吁地回到家,刚一进屋,就被华老祥拽住了衣领,"你这个臭小子,竟敢又逃课!你看我不打折你的腿!"华老祥说着举起了拳头。"爸爸,您别急着动手,我有个特重要的事情要和您说,说完你再打也来得及。"

"你有什么要紧事,还不是想拖过这次。"说着,华老祥又举起了拳头。

这时,碰巧隔壁的邻居前来串门,看见这阵势,急忙把华老祥劝住:"你且听听罗罗说什么,这孩子虽然贪玩,但是从不说谎的。"

华罗庚的母亲趁机急忙附和道:"是啊,是啊,你就听听他的重要事吧。"

看见大家都劝阻,华老祥这才把拳头放了下来,怒气冲冲地说:"快说,什么重要的事,要是不重要,小心你的腿!"

"今天庙会上的那个'菩萨'是人装扮的,他和那几个小和尚是一伙的,他们合起伙来骗大家的钱。"

"你这小子,竟敢说'菩萨'是假的,我看你这脑袋也不想要了啊!"华老祥的怒气更大了。

华罗庚的母亲连忙跑到"菩萨"面前,忏悔道:"罪过罪过,请您原谅罗罗吧,孩子小不懂事,您要是怪就怪我吧……"

"爸!妈!我说的是真的,是我亲眼看见他们在一起分钱呢,还骂大家笨,连'菩萨'这种谎话都信。你们要是不信,我带你们去看看。"

这时,那个邻居插嘴了:"华大哥,我觉得罗罗说的也不能全不信。今天的事情我也看见了,我也觉得有点蹊跷,要不,咱们找几个人去看看?"

"爸,您就信我一次吧,我说的是真的,是真的,你到那里一看就全明白了。"

华老祥沉思了片刻,最后终于点点头:"那好吧,咱们去看一看。"

说完,他又瞪了一眼华罗庚:"你要是敢说谎,你看我回来怎么收拾你!"

一行人在华罗庚的带领下,很快地来到了那间小茅屋,那个"菩萨"和几个小和尚正在那里"吃庆功宴"呢,被大家抓了个正着……

这个贪玩的罗罗,一下子成了金坛县的小英雄,大家都教育自己的孩子说:"看人家华老祥家的罗罗,多勇敢,多机智,要不是他,我们的血汗钱就让那几个骗子都给骗走了。你们可要多向他学学啊!"

有淘气的孩子反问道:"前一阵子,您不是和我说,千万不要向罗罗学,他成天就知道玩,长大了肯定没出息吗?"

被问的家长,脸刷地红了。

知道这段对话的华罗庚的脸也红了,他收起了自己那颗好奇的心,把精力投入到了学习当中。可是由于基础太差,耽误的时间太长,华罗庚虽然全力以赴地追赶,但最后也才勉强将小学读完。

这时候,华莲青已经不再读书了,一来女孩子在那个时代不兴念太多的书,"女子无才便是德";二来家里的经济情况也不允许。可华罗庚就不一样了,他是家中的独子,是华家的希望,望子成龙的华老祥,把13岁的华罗庚送进了刚成立的金坛县立初级中学读书。

华罗庚默默地对自己说:"看我的吧,这次我一定做个好学生!"

对数学有了兴趣

金坛唯一的一所中学——金坛县立初级中学，创办于1922年，即华罗庚入学的那一年，它的创办人韩大受是一位最受金坛人尊敬和爱戴的老一辈教育家之一。

韩大受自幼聪颖过人，勤奋好学，学识渊博。他不仅有丰富的农学、医学知识，并懂四国文字；对历史学、教育学也有很深的造诣。

他思想进步，品德高尚，热心教育。辛亥革命爆发，他刚从南京两江师范学堂毕业回来，即被家乡父老公推为起义大会的主席，宣告金坛脱离清朝政府独立。

在20世纪20年代初，军阀不断混战。韩大受高瞻远瞩，变卖了自己的全部田产，创办了金坛县立初级中学，使许许多多家境贫困的家乡子弟得以受到中等教育。

韩大受先生以校为家，爱生如子，治学严谨，工作一丝不苟。他经常以古代的民族英雄、先贤先哲和近现代中国反抗外来侵略的志士仁人的事迹，向学生施以爱国主义教育，并以此教导他的学生如何做人治学。

韩大受先生很关怀华罗庚的成长，得知他家中困难，就不要他交学费。有这么好的校长，华罗庚再也没有理由不好好学习了。

华罗庚是幸运的，不仅遇见了一个爱生如子的韩校长，而且遇见了一位教学工作十分认真的好老师——李月波。

李月波老师是江苏扬州人，毕业于苏州工专，在金坛县立初级中学创办之初，他即来校执教，讲授全校数理化课程。

李月波老师为人敦厚，作风正派，热爱教育，对教学工作十分认真。他精通教材,讲课深入浅出,联系实际,生动形象,幽默风趣。

他在讲两点之间直线最短时,就举过这样一个例子:"如果站在一定距离的地方,拿块饼招狗来吃,狗总是一直地奔过来,绝不会弯弯曲曲地跑过来,可见连狗也懂得两点之间直线最短这个道理。哪位不信,不妨回家买一块饼试试。"

同学们听了,无不笑出声来。

李月波老师批改作业和辅导学生一丝不苟。他循循善诱,从不厌烦、责怪学生,发现学生在学习上有什么优点,总能及时给予鼓励,同时也不放过每一个学生在学习上存在的缺点。

在他的引导下,几乎所有的学生对数理化课程都感兴趣,绝大部分学生都学得好或比较好。李月波老师成了最受学生爱戴的一位名教师。

当时的金坛县立初级中学,以学生知识质量高,特别以数理化成绩好而闻名遐迩,这与李月波老师的教学是分不开的。

华罗庚一考进该校,就由这位好老师教了他数学课。在李月波老师的精心教导下,华罗庚逐渐爱上了数学。

当然了,学习不是一蹴而就的事情,一开始华罗庚也走过一段弯路。由于他的底子打得不牢固,加上平时散漫惯了,所以在学习上虽然比在小学时认真多了,但是并不稳定,一段时间成绩好,一段时间成绩又下来了。

看到这种情况,李月波老师非常着急,于是就找他个别交谈,帮助他找原因。谁知他老毛病又犯了,课余时间常偷着去看社戏,因而影响了学习。

李月波老师要他接受教训,端正学习态度,并请韩大受校长也帮着教育。听了这两位自己最尊敬的人的教诲,华罗庚真的改掉了自己贪玩的毛病,从此开始发奋攻读,成绩节节上升。

李月波老师在批改作业时,总感到华罗庚的字写得太潦草,作业

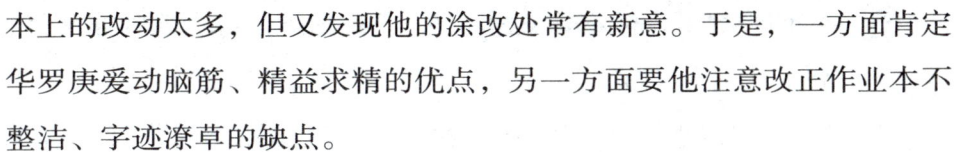

本上的改动太多，但又发现他的涂改处常有新意。于是，一方面肯定华罗庚爱动脑筋、精益求精的优点，另一方面要他注意改正作业本不整洁、字迹潦草的缺点。

经过一段时期的努力，华罗庚的作业本整洁多了，字也写得工整了些，但还是不能尽如人意。

转眼，一个学年结束了。待到新的学期开始的时候，华罗庚高兴地来到学校，坐在那里等着上数学课，等着李月波老师的到来，一个暑假的时间没见到李老师了，华罗庚的心里甚是想念。

上课的铃声响了，走进教室的人，不是他朝思暮想的李月波老师，而是换成了一位叫作王维克的教师。

华罗庚的心里有些失落，上课时总是走神，听着王老师的课，想着李老师的，还时不时地做下对比，总是觉得现在这个老师讲得不如以前的好。

他最喜欢的这堂数学课，在这来回的比较中结束了。华罗庚失去了以前那种活力，呆呆地坐在座位上，满脑子都是李月波老师。

"华罗庚同学！"

听见有人在叫自己，华罗庚这才从沉思中回过神来，他抬头一看，原来是韩大受校长，他急忙站起身："校长好，您叫我？"

韩校长微微点点头："罗庚，跟我到外边走走，我有些话想和你说说。"

华罗庚顺从地跟在韩校长的后面，走出了教室。

"罗庚，你是不是有些不高兴啊？"韩校长亲切地问。

"校长，李老师呢，李老师怎么不教我们数学了啊？"

"我就知道你是因为这个。李老师工作上有些调动，这个学期的课程改由王老师担任。李老师临走的时候，特地嘱咐我，说你比较恋旧，恐怕一时难以接受王老师，让我给你做做工作。看来李老师对你还是蛮了解嘛。"

华罗庚的脸红了，他不好意思地说："我真的觉得李老师非常好，这个新来的王老师不如他。"

"你对这个王老师了解吗？告诉我实话，这堂数学课你好好听了没有？"

华罗庚惭愧地摇摇头。

"罗庚你千万不要先入为主，李老师课讲得很好，这个大家都承认，可这个王老师，讲得也非常好，只不过你还不了解。这个王老师早年曾经进入南京河海工程学校就读，后来，到了上海进入大同大学，学习数理。毕业以后，又转入复旦大学专攻法语。你想想就凭他上的那几所学校，他也一定错不了啊。"

华罗庚"嘿嘿"地笑了两声，心中的那个大疙瘩就此解开了。

再上数学课的时候，华罗庚的注意力重新集中了上来，他发觉王维克老师的课，虽然和李月波老师的风格不一样，但同样都是那么通俗易懂，让人百听不厌。

渐渐地他又重新爱上了数学，钻研上了数学。

显露非凡的才华

在华罗庚竭力选择老师的时候，王维克老师也在研究着这个班的每一位学生。

时间久了，王维克老师发现班上那个叫华罗庚的学生与众不同。

这名学生虽然字写得比较潦草，交上来的作业本也经常是涂涂改改的，但是仔细看你会发现，每次华罗庚所涂改的都是一种新的解题方法。而到最后经他反复涂改的答案，往往是最简单明了的确定答案。这引起了王老师的极大兴趣。

有一次，王维克老师为了征求对华罗庚的看法还与同校另一位教员进行了一番争论呢！

那位老师慨叹道：

"当今之世，国难重重，民生困苦。有钱人家的子弟、有才华的学生都转到大城市去了，我们在这儿不过是混个饭吃，还想个什么獐猫鹿兔呀！就这么个杂草丛生的校园，你还能指望栽培出什么玉树琼花来吗？"

王维克说："谁说这里没有人才？我看华罗庚这学生就是一个！"

"华罗庚？你说的就是那个字写得像鳖爬似的华罗庚？"

那位教员显出很不屑一顾的样子，继续说道：

"他也能算得上一个人才吗？"

接着，他又摇摇头，说道：

"说老实话，也就老兄还有那个耐心批改他的作业！要换上我，我不退给他去重做，就算是对他客气的了！"

"你以为那些把 ABCD 写得工工整整的就是个人才吗？"

王维克用眼睛很轻蔑地扫了他的同事一眼,"你应该知道,那种敷衍迎合老师的工整,不过是临字帖!华罗庚这学生,他的那两笔字虽然无成书法家之望,作业本上确实也涂改很多,可他的思维清晰敏捷,解题的方法更是独特别致。"

王维克越说越激动。最后,他以这样一段话表明了他的慧眼独具和见解超群:

"你要知道,金子在被淘金工淘出之前,它与泥沙并没有什么两样!玉树琼花,难道只有高贵人家的花园里才有吗?自古'茅屋出公卿',请你不要小看了这位华罗庚!"

王维克不仅独具慧眼地发现了华罗庚的数学天才,而且尽心尽力地栽培他。

王维克的知识极其渊博,他不仅在数理、天文等自然科学上很有造诣,而且他的中国文学基础非常好。

他懂得英、法、意等三国语言,其中对法语更是精通。意大利的著名诗人但丁的名作《神曲》,就是他首先翻译成中文介绍到中国来的。

华罗庚那时候最爱去的地方就是王维克老师的家,他差不多每隔两三天就要到王老师那里一次。

每次他去老师家里的时候,书包里总是满满地装有算术演算本,或是向王老师讨教问题,或是向他借书看。

在王老师家里,有一个大大的书橱,里面都是王老师的最爱。

王维克爱书如命,书是轻易不外借的,但是每次华罗庚来,他都不会吝啬,反而会介绍一些他觉得比较适合华罗庚的书给他看。

有一回,华罗庚踏进王老师的家门,将书包一放就奔向了老师家的书橱。他一连翻看了好几本书,拿出来又塞进去。

王维克一眼瞥见了,过一会儿后,他就借题发挥对华罗庚说:

"罗庚啊,学问这个东西是很渊博的,像大海一样,要样样知识都学到手是不容易的。最好还是先钻一样。学问就好比挖井，看准了一块地方就要狠劲地挖下去，才能见到水。甘泉之水，往往出自地心深处。做学问又好比是织布。织布要专心致志，还要舍得花力气，这样才不会出次品。"

这番话如当头一棍，把华罗庚的心智给打开了，他不再是那个做事毛糙的少年，而变得稳重认真，他的学习成绩也从此突飞猛进。

不久，在班上的数学课上，华罗庚又一次让王维克老师惊叹了。

那天，王维克老师给学生们讲《孙子算经》，他出了下面一道题：

"今有物不知其数，三三数之剩二，五五数之剩三，七七数之剩二，问物几何？"

"物不知其数"，是一个历史名题，在我国古典数学中，较早问世的《孙子算经》首创了这个解题定理。

传说"韩信点兵法"就是运用了这个方法。后来传至西方，称为"孙子定理"。这道费解之题，不知难为了多少古人，也不知锻炼了多少数学家的头脑。

王老师为强调此题之难，声调缓慢，抑扬顿挫，如同诵读诗书。谁知他的话音刚落，一个学生就站了起来，答道："23。"

王维克定睛一看，原来是华罗庚。

"怎么，你看过《孙子算经》？"

王老师惊诧地问道。

华罗庚摇摇头说道：

"没看过，甚至听都没有听过。"

王老师觉得更奇怪了，他本来就没指望谁能够答出这道题，他出这题的目的只是让大家知道数学知识的浩瀚，让大家以后能够学习更认真些。

"华罗庚同学，请你讲讲这道题，你是怎么想的？"

"老师我是这样想的：三三数之剩二，七七数之剩二，余数都是二。我想公式可能是：三乘七加二等于二十三，用五除之恰余三，所以二十三就是所求之数了。"

"啊——"

王老师不禁为14岁的华罗庚的聪明感到高兴。他越发深信自己的眼力差不了。

虽然王维克老师对华罗庚的数学天分毫不怀疑，但是他从不像奶孩子那样，把他一灌一个饱，也不是将食物嚼烂了喂给他吃，而是引起他像吃一样好东西似的感兴趣。

王维克老师常说：

> 我们教学生，好比是牵着一条牛。但又不能像那些无知的牧童，只是任着性子牵了牛鼻子走。我们要学那有经验的农夫，只是到牛要拐弯的地方才抖动一下牛绳。我对罗庚就是这样。我总是先让他自学。他有不懂的来问我，我也只是稍微给他提示一下。

在王老师的谆谆诱导下，华罗庚的数学考试每次都能够考得满分。后来，每当数学考试的时候，王老师干脆叫他不要参加了，并说：

"这些题，对你来说太简单了，你去我家拿点别的书看吧！"

一晃一年的时光又过去了，王维克要去法国留学，在离开学校的前夕，他语重心长地对华罗庚说：

"罗庚，我要去法国留学了，不能够再教你了，你可不能像我一开始教你那样对待新来的老师啊！"

华罗庚郑重地点点头，

"老师，我再也不会了！"

"罗庚，这世界上的知识，就像星河灿烂的宇宙，浩瀚无比，我

们的人生有限,不能不抓紧啊!"

"老师,我知道了,我现在对以前贪玩没好好学习真的挺后悔的,您放心,我以后一定会好好珍惜每一寸光阴。"

"你是我见到的最聪明的学生,你在数学方面的天分,会使你像金子一样闪闪发光,你千万不要放弃它,千万不要把自己埋没了啊……"

王老师的话一句一句地都深深刻在了华罗庚的脑海里。

事实证明,他并没有辜负王维克老师的期望。华罗庚不仅数学成绩名列前茅,而且国文、外语也学得非常好。他能文能诗,常因作文立意的独特而受到老师的表扬。

1925年,华罗庚以全班第二的优异成绩毕业了。

本来他是想上高中的,但是由于经济问题,最后选择了上海中华职业学校,又一段求学的历程开始了。

因家庭贫困退学

上海中华职业学校是由黄炎培和江问渔创办的,他们的教学思想是"育人",所以对华罗庚这样家境贫寒的人,都给予了减免学费的优惠政策。

华罗庚到这所学校没多长时间就成了"名人",他出名不是因为他的数学成绩好,而是因为他敢于批评胡适的逻辑错误。

那时,他的一位国文老师,是胡适的崇拜者,要学生读胡适的作品,并写读后心得。分配给华罗庚读的是胡适的《尝试集》。

华罗庚只看了胡适在《尝试集》前面的"序诗",就掩卷不看了。那序诗是:"尝试成功自古无,放翁这话未必是。我今为下一转语,自古成功在尝试。"

华罗庚在他的"读后心得"上说:这首诗中的两个"尝试",概念是根本不同的,第一个尝试是"只试一次"的尝试,第二个尝试则是经过无数次的尝试了。胡适对尝试的观念尚且混淆,他的《尝试集》还值得我读吗?

这缜密的论断并没有改变这位国文老师对胡适的崇拜,他反而大发雷霆,恨不得立刻把华罗庚这种"藐视前辈""亵渎学问"的人赶出学校。

由于这名国文教师在社会上的声望很大,所以当时学校的领导对他都忍让三分。这个刚入学不久的华罗庚,不知天高地厚地把他给触怒了,大家都暗中替华罗庚捏了把冷汗。

有好心人劝华罗庚:"你去向老师认个错,重新写一篇读后心得,再加上大家的求情,我相信,你的事情很快就会平息的。"

华罗庚不仅不听，反而问道："我为什么要去道歉，我说的一点都没有错。如果我昧着自己的良心说话，那我才是应该道歉呢。"

那好心人听了这话，知道再劝也没有用了，只好默默地为华罗庚祈祷，希望他平安闯过这关。

这件事情惊动了校方的领导，迫于那位国文老师的压力，甚至想开除华罗庚，幸亏韩大受校长当时鼎力相助，找到黄炎培校长，这才平息了这场风波。

经过这件事，学校的每个人都知道新生里面有个非常倔强的华罗庚了，有人对他敬佩，有人笑他傻，还有人想替国文老师出口气狠狠地教训教训他。

有一天，一位老师发改完的考试卷子，他先发自认为是好学生的卷子，然后发中等的，最后才发自认为是成绩最差的学生的卷子。发了一个又一个，最后老师把脸一沉，声色俱厉地喊道：

"华罗庚！"

"有。"

"你看看你，这么简单的题，为什么都答错了？"

华罗庚看了看那打着大大的红叉的试题，不服气地说："老师，我这道题根本没有错。"

"没有错？你看看别的同学都是怎么答的！"

华罗庚扫了一眼别的同学的试卷，说道："他们做的和我做的不一样，但是并不能说明我做错了啊！我这样做也是有道理的。"

"你还狡辩！全班就你聪明啊！难道连老师也不如你吗？错了就赶快承认！"老师气急败坏地说。

"我的就是没有错，而且我的做法比他们的都简单。"华罗庚固执地说。

"你！你！你简直气死我了！那好，你上来把你的做法给大家演示一遍，如果你做得不对，可别怪我惩罚你！"

华罗庚二话没说径直走上了讲台，拿起粉笔，在黑板上把他的解法刷刷地写了出来。

同学们都被这师生之间的争辩惊呆了，双眼眨也不眨地盯着黑板，等待着这场争辩的最后结果。

华罗庚一面写，一面讲自己创造的新解题方法。

同学们边听边点头，都认为他解得对，而且解法比老师讲得还要简单明了。

再看老师，只见他的脸色越来越难看，心中暗想："糟了，本想替人出口气，没想到却让我难堪了。"

为了顾全面子，他硬是不承认华罗庚是对的，反而说他大逆不道，足足训了一刻钟。

这就是华罗庚在上海中华职业学校的不公平遭遇。但是他并没有为此而心生抱怨，放弃学业，而是像他答应王维克的那样，珍惜每一寸光阴，好好学习。

不久，他在上海市珠算比赛中获得了第一名。

参加这个比赛的绝大多数是上海各个银行的职员和各个钱庄的伙计，打算盘可说是熟极如流的。而华罗庚，虽然从小帮父亲料理店务，但打算盘毕竟不是专业。

在这场力量相差悬殊的比赛中，华罗庚和他们斗智不斗力。在对传统的珠算方法进行了认真的思考和分析后，华罗庚认为：珠算的加减法难以再简化，但乘法还可以简化。

乘法传统打法是"留头法"或"留尾法"，即先将乘数打上算盘，再用被乘数去乘；每用乘数的一位数乘被乘数，则在乘数中将该位数去掉；将乘数用完了，即得最后答案。

华罗庚觉得：何不干脆将每次乘出的答数逐次加到算盘上去呢？这样就省掉了乘数打上算盘的时间。

例如：28×6，先在算盘上打上 $2 \times 6 = 12$，再退一位，加上 $8 \times 6 = 48$，立即得 168，只用两步就能得出结果。对于除法，也可以同样化为逐步相减来做，节省的时间就更多了。

凭着这一点改进，再加上他擅长心算，华罗庚就压倒了那帮只凭"手熟"的"高手"了。

这次的成功抚慰了华罗庚那颗被人忽略的心灵。

20世纪60年代初我国发射人造卫星成功，科学界也有一个关于华罗庚"铁算盘"的故事。我国在研制人造卫星时，由于缺乏大型计算机，大量的数据无法处理。当时，我国仅用两台手摇计算机处理数据，但是，数据的可靠性难以保证。

据说，中国科学院的领导请华罗庚出面解决这个难题，华罗庚接到任务后，用8把算盘拼接起来，左右手同时开打，用了半个月的时间，打出来的数据与手摇计算机几乎没有出入。

后来，华罗庚曾公开出面说明这个故事是谬传，用算盘根本是不可能完成人造卫星的大量数据的处理工作。

事实上，国家是把这些数据分批分期地送到巴基斯坦、苏联等国家去处理的。

这则科学界传闻，仅是说明华罗庚的计算能力是十分有名的。这样艰难的数据处理工作，人们认为：只有华罗庚才能完成。

在这所职业学校里，并不是每个老师都和华罗庚作对的，他的英语老师——邹韬奋，就给予他很大的帮助与关怀。

邹韬奋是名记者、著名政论家和出版家，20世纪30年代，他创办的生活书店和他主编的《大众生活》周刊，影响曾及于全国。

但当时的邹韬奋还不是那么有名的,华罗庚来到上海的前一年,邹韬奋是上海《生活》周刊的编辑,后来又兼任中华职业学校的英文教员。

华罗庚谈起邹韬奋老师时,总是敬佩地竖起大拇指,连称"厉害!厉害!"

原来上邹韬奋的英文课,学生第一次答不出问题,就罚在原位站。第二次答不出,罚上台上站。第三次答不出,罚上放在台上的那张桌子站,不用说罚站的那位学生就成为全班同学瞩目的焦点了。

华罗庚也曾被罚在原位站,但罚上台上站和桌子上站的事情就不曾发生过,邹韬奋的这种教学方法,激励着他,使他的英文成绩在全班排在第二名。

在这悲悲喜喜中,华罗庚学了一年,家中来信说,日子更不好过了,一学期50元的费用是说什么也交不上了。

华罗庚走到了命运的十字路口,他也想拼搏一下,毕竟还差一个学期就毕业了。可是,事实是残酷的,他费尽周折也没有凑齐这50元钱,最后只得退学。就这样,华罗庚连个文凭也没拿到就两手空空地回到了金坛,帮父亲料理那间小小的杂货店。

自学成才

没有雄心壮志的人,他们的生活缺乏伟大的动力,自然不能盼望他们会有杰出的成就。

—— 华罗庚

不向命运低头

华罗庚回到家后，就开始帮着父亲料理那家小店。他的心情非常沮丧，他问自己，难道这一生就在这个十多平方米的小屋子里度过吗？

看着父母那操劳了一辈子的身影，他觉得自己肩上的担子很重，"不，我不能就这样过下去！学，上不起；靠着这个小店养活一大家人不太现实。怎么办？怎么办？"

华罗庚把自己的优势从头到尾想了一下，最后把数学定为自己的奋斗目标。数学只需要纸和脑袋，"道具"简单，投资小，学得起，而且自己对其有兴趣。

从此，在父亲那间只有一个小门面的杂货店里，华罗庚一面干活儿记账，一面顽强地自学。小店里冷冷清清，光顾的人寥寥无几。偶尔有初中时代的同学从门前经过，有的上了大学，有的谋到了好差事，都趾高气扬，不屑看店铺里的小掌柜一眼。

对此，华罗庚只是默默地咬紧牙关。他常常把省下来的钱购买几本数学方面的书籍和杂志，抽空就在店里孜孜苦读。他把那些无形压力和讽刺化为动力，反而增强了学习的自信心。

华罗庚的自学历程是十分艰苦的。在他家的柜台上，一头摆着算盘、账簿，一头摆着数学书和纸笔。顾客来了，华罗庚就帮着父亲打算盘、记账；顾客一走，他又演算起自己的数学题，或者读起书来了。他像着了迷似的整天坐在柜台的一头，不知疲倦地学习，把他的全部心血倾注到数学理论的研究上。

"乾生泰"的店门坐东朝西，冬天，华罗庚站在西北风口上，流着清鼻涕，呆呆地给顾客拿着一卷卷灯草、一根根引线针、一包包香烟。顾客一走，他又看书学习起来。有时清鼻涕流下来，他用左手一甩，没有甩掉，也不再管，还是不停地算，不停地写，或者不停地看书。

晚上，小店关了门，华罗庚在如豆的油灯下看书、演算，到深夜也不休息。

他开始自学的时候，只有一本代数、一本几何和一本只有50页的微积分。他要学习，不得不向别人去借书，认真抄录。每天都要学到深更半夜。他家河对面有家豆腐店，每当豆腐店的人天没亮就起来磨豆腐时，华罗庚已经点着油灯在看书了。

夏天，人们都到外边纳凉，但很少看到华罗庚出来，他总是在闷热的、蚊子嗡嗡的小店堂内埋头学习。

店里生意清淡，夏天就利用店面代人收丝茧，冬天代人收棉花，从中取点佣金度日。店里包棉花的纸上，几乎都有华罗庚密密麻麻的做习题的字迹。有时看书入了神，顾客前来买东西他都不知道。有一次就闹出了笑话。

那是一个妇女前来买棉花，华罗庚正在算一道数学题，那个妇女问："一包棉花多少钱？"

然而勤学的华罗庚却没有听见，顺口就把算的答案念了一遍，"835729。"

那个妇女立马尖叫起来："棉花怎么这么贵？你们是卖棉花还是卖黄金啊？"

这时的华罗庚才知道有人来买棉花，连忙道歉："对不起，对不起，您要棉花啊，半块大洋。"

那妇女看见华罗庚的态度还算诚恳，就没同他计较，买了一包棉花走了。

华罗庚长出了口气，心想："这事要是让爸爸知道了，肯定又要挨骂的。"

他正想坐下来继续算时，突然发现：刚才算题目的草纸不见了！那上面可是他辛辛苦苦演算了一半的试题啊！

哪去了呢？华罗庚猛地一拍脑门，想起来了："哦，肯定被刚才那个顾客带走了。"

想到这里，华罗庚不顾一切地向那妇女离开的方向追去。碰巧，门外的一个黄包车师傅是华罗庚的熟人，在他的帮助下，华罗庚终于追上了刚才的那名妇女。

华罗庚拦住那妇女，不好意思地说："阿姨，请把草纸还给我！"

那妇女生气地说："这可是我花钱买的，你们那小店也不至于吝啬到那种地步吧！"

华罗庚急忙解释："不，您误会了，不是我吝啬那张纸，而是那张纸上记着非常重要的东西。"

那妇女拿起那个包棉花的包，看了看，发现那纸上密密麻麻地写满了数字，"这是什么啊？简直和天书一样！得了得了，还给你吧。"

她刚要把纸还给华罗庚，突然她又犹豫了，"把这纸给你了，我拿什么包棉花啊？"

华罗庚连忙说："阿姨，要不您等等我，我回去再给您拿张纸去。"

那妇女看见华罗庚一脸的诚恳，最终还是把纸还给了他，直接抱着那团棉花回家了。

华罗庚捧着那失而复得的纸，高兴地跑回了店中，继续他未完的验算。

这件事情，不久就传开了，华罗庚也为此落下了个"罗呆子"的绰号。

对于华罗庚这样如醉如痴地学习，华老祥开始还只是劝慰他，"罗罗，爸对不起你，没钱供你上学。这也是你的命啊，你就认了吧，安心地守好这个店，把爸的那点手艺学会了，说不定赶上机会还能重振爸过去的雄风。"

听了这番话,华罗庚往往是一笑了之,继续他的苦读。

慢慢地,因为华罗庚读书的痴迷,严重影响了小店的生意,华老祥的态度越来越差,最后已经升级到看见华罗庚看书他就抢,并扬言:"你要是再不务正业,天天看这天书,我迟早给你烧了!"

可是这时的华罗庚,已全然被这"天书"迷住了,他一心要攻克那被人看作"神秘的"科学的"象牙之塔",因此在他们父子之间常为了这方面的问题发生争执。

幸亏母亲爱子心切,每次总是帮着华罗庚说好话,打圆场,这才勉强保住了那些被华罗庚视为命根子的数学书。

华罗庚一方面顶着来自父亲的压力;另一方面当他学习中碰到困难和难题时,由于周围找不到一个能帮助他的人,而只好独自摸索,这种困惑让他有时觉得更加难以承受。

华罗庚有时也想放弃,觉得这一切真的太辛苦,甚至曾经想过,"要是爸爸把那些书真的给烧了,我是不是就能找到理由,不再看书,不再学习了,安心当我的小老板算了。"

可是当他的手又摸到那些被他翻了不知道多少遍的书的时候,他又开始为自己刚才的想法感到惭愧:"华罗庚啊,华罗庚,你怎么会有这样的想法呢?这点困难算得了什么啊?那些奇妙的数字带给你的快乐,要远远大于一时的困惑。相信自己,你一定会战胜它们的。"

想到这里,他打消了一切的杂念,一面查看各种书籍,一面认真思考。有时候他睡到半夜,忽然想起一道数学难题的解答方法,便急忙披衣下床,点上小煤油灯,十分认真地又算又写,兴奋极了。

有时一道难题在他脑子里想了一个多月,终于想出了正确的答案,他就像打了个大胜仗似的高兴,自学的信心也更强了。

有一次,华罗庚和华老祥同到金坛茧场,给茧行老板盘点蚕茧。华老祥掌秤,华罗庚监秤,茧行老板手捧长烟袋坐在账台边记账。不少的伙计扛着箩口那么粗、一个人那么高的茧袋,从东边的厢房里出来称,又送到西边的厢房里去堆起来。

这些人整整忙了一天和大半夜,盘茧的工作才总算结束了。华罗庚又困又累,靠着墙角闭目养神,不知不觉地睡着了。

华罗庚睡得正香,一股强烈的浓烟传来,把他呛醒了。他揉了揉惺忪的睡眼,发现香炉里正冒着浓烟,神柜前跪着茧行老板、华老祥和许多伙计们,他们不住地在神像前如捣蒜般地磕头,气氛肃穆,紧张极了。

华罗庚看见这阵势,小心翼翼地走到父亲背后,轻声地问道:"爸,大家这是怎么了?出了什么事?"

华老祥压低了声音,哭丧着说:"也不知道怎么搞的,忙活了半天,最后对账的时候却差了2000大洋,这可要了大家的命啊!"

"怎么会呢?整个过程大家都是按部就班,不应该出错啊?而且茧行老板一直在旁边看呢,会不会是算错了啊?"

"都算了好几遍了,哪会错啊!就是因为找不到原因,这才求'狐仙'帮忙。"

"又信这些迷信的东西!"

"呸呸呸!童言无忌,'狐仙'老爷您别见怪啊。"华老祥连忙又磕了几个头,然后他命令华罗庚也跪下,一起向"狐仙"求助。

华罗庚没搭理华老祥的举动,而是径直走到了茧行老板面前:"老板,能不能让我算算这本账啊?"

华老祥一听这话,连忙起身走了过去,赔笑道:"您别见怪,孩子小不懂事,不知道天高地厚。"

那茧行老板此时也是愁眉苦脸,他叹了口气,说道:

"哎,都到了这地步了,就让这孩子试试吧,死马当作活马医吧。"

华罗庚得到允许后,接过账本,抓过算盘,"噼里啪啦"地算了起来。一个小时过去了,只见他轻轻地合上了账本,面露微笑地说:"账都对上了,一分也不差。"

茧行老板听了这话,高兴地拍了拍华罗庚的肩膀说:"没想到'罗呆子'还是个活算盘啊,往后再碰到这事还得找你。"

这时,华老祥的脸上也露出了自豪的微笑。

经过这件事,华老祥对华罗庚的学习不再阻挠,而那些"天书"也因此得以保存。

身虽残志更坚

1929年,华罗庚的命运有了新的转机,他敬爱的王维克老师从法国留学回来了,而且当上了金坛中学的校长。

王维克回来后曾当过中国公学的教授,他在中国公学教书的时候,校长是鼎鼎大名的胡适之,教务长是杨振声。王维克和这两个人都合不来,恰巧那时上海的小报又有一篇文章叫"黄皮客游沪记","黄皮客"和"王维克"谐音,影射王维克游沪是"乡下佬进城"。

王维克一怒之下,拂袖而去。这时,正赶上金坛中学闹学潮,原来的校长下台了,于是在8月,王维克接替了原来校长的职务。

王维克一回到金坛,他的第一件事就是打听那个往日里自己最看重的学生——华罗庚的现状。当他得知华罗庚现在辍学在家,打理杂货店的生意时,感到无比的惋惜。当他看见华罗庚虽然失学,但是依然勤奋学习时,又感到无比的欣慰。

于是,王维克一上任,就立即把华罗庚请到了金坛中学当庶务员,即会计,月薪18元。钱虽然不多,但是比起那没有薪水的杂货店可强多了。华罗庚满心欢喜地接受了邀请,认认真真地干起了工作。

第二年,学校开了个补习班,王维克又叫他去当补习班的教员。

虽然只是补习班的教员,但这已经让华罗庚感到受宠若惊了,他问道:"王老师,我只有初中的文凭,让我教课,您看我行吗?"

王维克笑着说:"怎么对自己没信心了?想想在数学题上你是怎么与我争论的,那时候我怎么没看出你没信心啊?"

华罗庚不好意思地笑了笑。

王维克接着说:"还记得那本《微积分》吗?当时那么难懂的一本书,你不到10天就看完,还给了我。当时我把你训了一顿呢。"

"您是怕我没有认真地阅读,所以才会训我的。"

"是啊,我实在是没有想到你能够那么快就看完那本书,而且看得那么仔细,连原书中印误之处都给我指了出来。这件事,还是几年前发生的呢,可是现在的那帮教员,即使让他们现在去看这本书,他们也不一定比你了解得透彻。"

华罗庚这才明白王老师说这件事的目的,是为了让他树立信心。

"王老师,您放心吧,我这就回去好好备课,我相信我一定能够把课讲好的。"

王维克听了这话,由衷地感到高兴。

天有不测风云,人有旦夕祸福。就在华罗庚准备再上一层楼的时候,一连串的不幸向他迎头袭来。

当时,金坛正值瘟疫流行,华罗庚的母亲不幸染上了瘟疫,离开了人世。还没从丧母的悲痛中缓过来,华罗庚自己又得了可怕的伤寒,整日高烧不退,卧床不起。年迈的父亲急得手足无措,结婚不久的妻子吴筱元哭肿了眼睛。

为了给华罗庚看病,家里能当的东西全都当光了。后来,吴筱元背着家人,将结婚时心爱的饰物拿到当铺,这才又换些钱,继续给华罗庚治病买药。

但连续几周仍不见好转。最后,请来的老中医摇摇头说:"不用下药了,他想吃什么就给他吃点什么吧……"

医生的话,犹如阎王爷的催命符,全家人恸哭不已。但是,吴筱元并没有放弃,她四处寻找偏方,尽心尽力地照顾着自己的丈夫。

也许爱情的力量真的能够战胜一切,华罗庚开始苏醒了过来,身体也一点点地有所好转了。

在这段时间里，王维克不顾被传染的危险，经常去探望华罗庚，给他安慰和鼓励，资助药资，还带些水果、点心等。同时华罗庚的工资也每月按时发放，甚至连补习班的课程，王维克老师都代他去上。

由于王维克去看望华罗庚时，丝毫也不计较与病人接触，最后他也被传染上了伤寒。

有一天晚上，华罗庚一家都已经睡下了，突然听见门外一阵敲门声。

吴筱元起身开门一看，竟然是王维克老师和王师母陈淑，"呀！王老师，你们怎么来了？快进来！"

他们两人被让进屋，王维克径直去找华罗庚，留下王师母和吴筱元聊天。

"王老师的身体也不好，怎么这么黑的天还过来了啊？"吴筱元关心地问。

王师母长叹一声："唉，今天王老师的身体好了点，他突然提出要我和他一道去看望罗庚。我对他说：'你现在已病成这样，泥菩萨过河，自身都难保，怎能还去看罗庚呢？'可他却很认真地对我说：'我今晚还有点劲，说不定明天就起不来了。我不过是一点烛光。要劈开这乌云，照彻这长夜，还得靠那些利剑，靠那无畏的火炬。如果我们的祖国有一个灿烂的明天，人民那时要盖建幸福的大厦，我看华罗庚倒可能是一根栋梁。他上次曾和我谈到他的那篇论文，那天我们没有谈透。如果他能活下来的话……'"

王师母说到这里眼泪从面颊上流了下来，接着说道："我当时怎么也不能劝阻他，只好找出一盏橘红色油纸的灯笼，扶着他跌跌撞撞地上这来了。"

听了这段话，吴筱元的眼泪也落了下来……

再看里屋那两个病人，他们正在一盏橘黄色的油灯下面，写着画着，这哪里是两个重病在身的人，分明是两个充满了活力的学者……

1930年端午节的那天，华罗庚终于战胜了死神，能够站起来了。但是命运却又和他开了个玩笑。原来那硬朗的身体，变得像一捆迎风摇晃的稻草，而这"稻草"也是没有平衡的，原来他的左腿胯关节骨膜粘连，变成僵硬的直角，再也无法恢复往日的雄健。

华罗庚扶着木凳站起来，拄着棍子慢慢往前移动，摔倒了，爬起来，再摔倒，再爬起来。

此时，他想到的第一件事是谋生糊口，家里早已无米下锅了。他一瘸一拐地向街上走去。街坊邻居看见华罗庚，开始是惊叹奇迹的发生，在看到他的左腿后，又变得惋惜、悲戚。

有人叹了一口气说："哎！这华家的孩子，年纪轻轻的变成这个样子，往后的日子可怎么过呀！"

华罗庚隐约中听见了这议论声，他感觉有把利剑戳进自己的心窝，他的眼前顿时变得雾蒙蒙一片……

这时，几个不懂事的孩子从他身边跑过，其中一个惊呼道："快看，快看，瘸子啊！"

随后是一阵哄笑声。

华罗庚此时恨不得找个地缝钻进去，他急忙转身回家。

吴筱元看见华罗庚这么快就回来了，问道："罗庚，你不是说去学校看看吗？怎么这么快就回来了？"

华罗庚什么话都没有说，一声不吭地躺到床上，蒙上被就睡。

"怎么了？哪里不舒服？"看到这个情景，吴筱元关切地问。

"别问了，我想休息一会儿。"华罗庚有些不耐烦地说。

吴筱元是一个聪慧的女子，她很快就想到这是华罗庚第一次出门，肯定是受到了别人的嘲笑。于是她坐到床边，说道："罗庚，别睡了，给我讲讲孙膑的故事好吗？"

就这一句话把华罗庚给惊醒了，他猛地坐了起来，看了看贤惠的妻子，看了看旁边睡得正香甜的女儿，又想了想那白发苍苍的老父亲，还有待自己如亲子般的恩师王维克，他站起身，说道："筱元，对不起，让你担心了。"

吴筱元微微一笑，"罗庚，我相信你，你会做得比孙膑更好的。时候不早了，就不要再出去了。"

听了妻子这番体贴的话，华罗庚的心里热乎乎的，他握住妻子的手，深情地说："筱元，我这就去学校，等我的好消息吧。"

华罗庚第二次出了家门，这时候的天变得蓝了，阳光也变得明媚了，华罗庚迈着轻快的步伐向学校走去。

努力终见成效

当华罗庚重回学校时,他才知道王维克早就辞去了校长的职务,而为了让他安心养病,这个消息一直没有告诉他。

而这件事情,和华罗庚是有很大关系的。当时为了请华罗庚来学校当庶务员,王维克辞掉了三名他认为工作不是很卖力的人,为此,他得罪了很多人。后来他又让华罗庚在补习班讲课,这一举动让很多教员不满。再加上王维克和当地士绅的关系搞得又不好,于是一班士绅联名向县教育局控告王维克"十大罪状"。"任用私人不合格教员华罗庚"也成为王维克的十大罪状之一。

那位教育局局长似乎还颇明事理,他批下来说:"学生焉得为私人,受控各节,大致类此,不准。"

王维克虽然官司打赢了,但他是留学生,当初来这里任校长,他就有些委屈,现在又受到众人的排挤,心中更加不甘心,索性又来一次拂袖而去。

接任王维克的是华罗庚的老校长韩大受,他也很赏识华罗庚,对他说:"别人上任都会带会计来的,我上任不带,还让你继续干下去,但是补习教员是干不成了,因为前任校长就是为你任课一事被人告了一状的。"

从此,华罗庚仍在金坛中学当会计。白天他在那里认真地做好自己的本职工作,除此以外还做一些自己力所能及的事情,如检查每个教室的门窗是否关好,黑板是否擦干净了,粉笔盒的粉笔满不满……

晚上,华罗庚拖着疲惫的身体回到家中。劳累了一天后,他感觉左腿有种钻心的疼痛,可是顾不得这么多,他点上那盏小台灯,又开始了刻苦钻研。那课本上的数字像一个个跳动的音符，把他深深地吸引，同时它们又像是白色的精灵，治疗着他的疾痛。

从16岁那年开始算起，经过了5年的自修，华罗庚开始写些数学论文投稿，他的投稿也并非一帆风顺，往往收到退稿的信件，编者指出：这一个题目是法国某一个数学家解决了的，那一个题目又是德国某一个数学家解决了的等。

这些退稿非但没有使他气馁，反而令他充满自信，他知道自己在某些方面已经赶上了那些数学家；同时他也看到了自己知识的狭隘，但是条件所限，他所能够得到的数学书籍只有这么多，他能做到的只是把根基打得越来越牢。

"思维世界的发展，在某种意义上说，就是对惊奇的不断摆脱。"

一天，华罗庚从《学艺》杂志上读到著名教授苏家驹的一篇文章，作者声称自己对近代数学界判为不可解的代数五次方程式找到了可解之法。

华罗庚在惊异之余，认真阅读，却发现这位教授的结论下错了，于是他钻研了一个月，撰写了《苏家驹之代数的五次方程式解法不能成立的理由》，想投寄给上海《科学》杂志。

《科学》杂志是当时中国在自然科学方面最权威的杂志，李四光、竺可桢、翁文灏等著名科学家，经常在《科学》上发表文章。

华罗庚的论文这样写道：

> 五次方程式经 Abel Galois 之证明后，一般学者均认为不可以代数解矣，而《学艺》七卷十号载有苏君之《代数的五次方程式之解法》一文，罗欣读之而研究之，于去年冬亦仿得《代数的六次方程式之解法》矣。
>
> 罗对此欣喜异常，意为果能成立则于算学史中亦可占一席之地也，唯自思若不将 Abel 言论驳倒，终不能完全此种

理论，故罗沉思于 Abel 之论中，凡一阅目，见其条例精严，无懈可击，后经本社编辑员之暗示，遂从事苏君解法确否之工作，于6月中遂得其不能成立之理由，罗安敢自秘，特公之与世，尚祈示正焉。

然后，华罗庚简述了自己的解法，并指出了苏家驹教授关于五次代数方程求解的第十二阶的行列式的错误。

写完这篇论文，华罗庚的心情非常复杂，因为从五次方程的问题，他联想到了挪威的大数学家阿贝尔。

当时的阿贝尔年仅21岁，还是名大学生，他创造性地写出了题为"代数的五次方程式解法不可能存在"的论文，送给当时的数学大师高斯去看，不仅不被接受，反而被斥责了一顿，还将其打入冷宫。

后来阿贝尔又将自己的论文递给别的数学大师，但是有的人竟然将其随手一扔，直至阿贝尔去世两年以后，论文的原稿才被重视，才被找到。

华罗庚不知道自己该不该发表这篇论文，他觉得自己所处的环境和阿贝尔的极为相似，苏家驹是当时一名非常有名的教授，而自己是一个名不见经传的小会计。

"论文会不会发表？会不会得到大家的重视？如果发表了，苏家驹老师是不是会责怪自己鲁莽？"一连串的顾忌，让华罗庚犹豫不决。

王维克知道华罗庚的顾虑后对他说："科学史经常在告诫：大凡富有创造性的见解，开始总是与传统观念相抵触的。所以你应该冲破常规，勇敢地发表自己的言论。至于苏教授，你放心好了，大凡爱科学的人，更爱真理，他不会责怪你的。"

经过王维克的鼓励和指点，华罗庚终于将这篇论文寄到了上海《科学》杂志编辑部。

时隔不久，在《科学》杂志第 15 卷第二期上，刊登了华罗庚的这篇《苏家驹之代数的五次方程式解法不能成立的理由》。

这篇论文很快被专攻代数的杨武之发现了。

杨武之，安徽合肥人，1896 年生。1914 年毕业于安徽合肥省立第二中学，次年考入北京师范大学预科，1918 年毕业于北师大本科。1923 年，杨武之去美国留学。

他觉得教了几年中学，把大学所念的数学都忘记了，所以他到美国后，又在斯坦福大学读了一年的四年级。一年以后，他得到学士学位。次年，他去了芝加哥大学，1928 年，杨武之得到数学博士学位。

杨武之的老师是美国著名数论家狄克逊。杨武之专攻数论方面的堆垒问题。例如他证明了将正整数表为九个某种类型的三次多项式之和。在当时，这样的结果是很好的。

杨武之学成回国后，先在厦门大学任教，次年应聘为清华大学教授。

杨武之为人正直，爱护与提拔青年，家教有方。著名物理学家、诺贝尔物理奖获得者杨振宁就是他的长子。

看完华罗庚的论文后，杨武之感觉这是一个难得的人才，于是向周围的同事打听，结果没有人听说过这个名字。后来，他干脆把这篇论文推荐给了清华大学数学系的主任熊庆来教授，希望能够通过熊教授找到这位数学奇葩。

熊庆来教授看完《苏家驹之代数的五次方程式解法不能成立的理由》这篇论文后，为作者的才思敏捷、思维缜密而折服，他向四周的人问道："你们有谁知道一个叫作华罗庚的？"

大家你瞧瞧我，我看看你，都摇了摇头。

有人推测道："是不是个留学生啊？"

熊庆来听到这话，忙放下手中的《科学》杂志，翻出了清华大学的"归国学生联合会"的会员名单，他连查了几遍，也没有找到华罗庚的名字。

熊庆来失望地说:"唉,应该不是留学生吧。大家再帮我想想,看是不是别的大学的教授?"

正说着,教员唐培经走了进来,看见大家都在那里沉思,笑着问道:"同志们,又遇见什么难题了?"

其中一个上了点年纪的人回答道:"培经,快帮忙想想哪所大学的教授叫作华罗庚,他应该是教数学的。"

"华——罗——庚,他是不是金坛人啊?"

熊庆来一听,激动地说:"对,对,是金坛人。你知道他啊,在哪个大学呢?快告诉我!"

"这个华罗庚根本不是哪所大学的教授,他甚至连高中都没有上过。"

"啊?不可能吧!这篇论文的水平比有的教授写的还要高呢!"熊庆来有点怀疑地说。

"他初中毕业后,曾经在上海中华职业学校上过一段时间,但是后来由于经济困难退学了。"

"那后来呢?"大家都对这个华罗庚产生了很大的兴趣。

"后来他回到家中,一边看着家里的小杂货店,一边自学数学。他学习非常刻苦,大家都叫他'罗呆子'。"

"那他现在呢?现在在做什么?不会还看店吧。"

"唉,这个华罗庚的命也真的挺苦的。本来在金坛中学既当会计又教补习班的数学,可是去年得了一场大病,左腿瘸了,补习班的课程不能教了。幸亏那个校长心眼好,他才能够继续当会计,养家糊口。"

大家听了这些介绍,都为华罗庚感到惋惜。

有人又好奇地问道:"那你和他怎么认识的?是同乡吗?"

"我们是同乡,可是却从没见过面。当初我在金坛县立初级中学任校长的时候，华罗庚已经失学回家了。后来，我到这里教数学的事情被华罗庚知道了，于是他就给我写信，和我讨论些数学方面的问题。这样一来二去，我们就成了笔友了。"

"还挺新潮的嘛。"

唐培经笑了笑："从华罗庚的来信中，我看出他是个不可多得的人才，早就想把他推荐给熊教授了，可是一直没找到合适的机会。"

熊庆来一听这话，忙接道："现在不用你说，我都想见见这个自学成才的小伙子，你能不能趁休息的时候，回到老家去看望一下他，顺便转告他，如他愿意，就请他到清华大学来当助理员。"

"一个初中毕业生当助理员，这符合规矩吗？咱们学校不是要求必须是高中以上学历才能够当助理员吗？"唐培经有点担心地问道。

"这个问题，你就不用管了，尽管请他来就是了。我想以我系主任的身份聘请一个助理员，应该没有太大的问题的。"

唐培经听了这话，高兴地点头答应："好的，这件事情就交给我吧！"

此时的华罗庚还在金坛中学兢兢业业地当他的会计，还不知道自己的命运即将改写。

得到数学家赏识

命运之神终于开始眷顾华罗庚，1931年的暑假，华罗庚接到了唐培经从北京寄来的信。

信上说，他的论文《苏家驹之代数的五次方程式解法不能成立的理由》，得到了杨武之教授和熊庆来教授的一致好评，熊庆来教授还邀请他到清华大学数学系工作。

接到这封信，一家人真是喜出望外，华罗庚满心欢喜地叨念着："熊庆来教授邀请我去清华大学啦！"

吴筱元笑着说："看你，都当爸爸了，还高兴得像个孩子似的。"

华罗庚"嘿嘿"一笑，说道："你不知道，这个熊庆来教授可是咱们数学界的带头人啊。"

熊庆来字迪之，云南弥勒县人，1893年生。他早年曾去美国、比利时、法国留学，获理科硕士学位。20世纪30年代初，他又去法国专门从事数学研究，因发表了《关于整函数与无穷级的亚纯函数》的论文，而被欧洲数学界誉为"熊氏无穷级"，并获得法国国家理科博士的学位。

熊庆来是我国近代数学的开拓者。他在南京东南大学创办数学系，即当时称"算学系"，白手起家，花了5年心血，自编大学数学教材十余种，以适应当时教学的需要。

接着他又到北平清华大学数学系担任系主任，想方设法罗致名家充实师资阵容；又创办起研究部，这就大大增强了清华数学系的数学研究和培养人才的能力。

此外他还是中国数学会和中国科学社的发起人之一，中国数学会会刊，即现《数学学报》前身的创办人和上海《科学》杂志的创办人之一。

熊庆来既是千里马又是伯乐，除自己在数学研究领域内攀登上科学高峰之外，还着意提携后人，让后者站在自己的肩膀上攀上另一个数学高峰，为我国数学界创建了一种识才、爱才、育才的优良传统，他的慧眼卓识是我国科学家的典范。

我国许多著名的科学家，如数学家许宝骏、段学复、庄圻泰，物理学家严济慈、赵忠尧、钱三强、赵九章，化学家柳大纲等均是他的学生。

华罗庚能够得到他的赏识和邀请当然喜出望外了。此时，华罗庚恨不得插上翅膀飞到清华大学，到那个神圣的知识殿堂去尽情地遨游。但是，从金坛到北平的路费，却成了他最大的难题。

自从他生病以来家里的经济条件就越发地差了，现在也就勉强能够维持温饱，哪儿有多余的钱做路费啊！

华罗庚看了看一贫如洗的家，看了看白发苍苍的老父亲，还有那嗷嗷待哺的女儿，狠了狠心，给唐培经写了封回信，谢绝了熊教授的好意。

这封信寄出去后，华罗庚的心情沮丧了很久，毕竟一个绝好的机会就这样错过了。

谁知，没过多久，华罗庚接到了熊庆来的亲笔来信，他在信上说：非常欣赏华罗庚的才华，既然他不愿意来清华大学，那么自己会在暑期的时候来金坛看他。

这封信深深地震撼了华罗庚，如此爱才如命的教授，他还怎么能够忍心拒绝呢，于是他发动了所有的亲戚朋友，借来了路费，踏上了北去的列车。

当熊庆来知道华罗庚要来，非常高兴，连忙让唐培经去车站接他。唐培经站在车站的出口处，拿着华罗庚寄来的照片，东张西望，唯恐把他漏掉了。

当华罗庚乘坐的列车班次的人流差不多都走光了时，唐培经看见一个穿着洗得有些发黄的白布长衫的青年人，撑着拐棍，一瘸一拐地走了出来。

唐培经从直觉中就感觉此人一定是华罗庚，他又对照了一下照片，果然是他，于是立即上前打招呼。

华罗庚看见唐培经非常高兴，他们两个人只是通信已久，见面还是第一次。两人边走边聊，来到了清华大学。

熊庆来教授和杨武之教授都对华罗庚的到来非常高兴，热情地接待了他，并安排他当数学系的助理员。

熊庆来有些抱歉地说："华先生，我知道你的能力胜任助教是绰绰有余的，但是这还需要一个过程，先委屈你当个小小的助理员吧，月薪40元，你看可以吗？"

华罗庚在路上就已经知道让他当助理员是破格了，现在熊教授反而有些不好意思地这样问他，让华罗庚的心里更过意不去，他急忙说：

"谢谢熊教授，我能有机会在清华大学这座学府里学习就已经非常满足了，何况现在还发给我薪水。我真的不知道怎么感谢您才好。"

"华先生，清华大学图书馆里的藏书很多，内容也很丰富，你尽管阅读。同时，你也可以去旁听一下数学系的讲课，你虽然基础很扎实，但是我想听听这些课对你会有帮助的。"

听了这些话，华罗庚的心热乎乎的，他郑

重地点了点头。

"对了,外语也是一门非常实用的学科,你千万不能够把它落下啊。"

从此,华罗庚在清华大学扎下了根。他给自己订下了学习计划:一方面兢兢业业地做好助理员的工作——给教授们领文具、抄资料、经管收发信函,兼打字和保管图书资料;另一方面抽出时间在数学系教授们上课时参加旁听。

有一次,他对熊庆来教授说:"熊教授,我想去听您的高等数学分析课。"

熊庆来摇摇头说:"这门课是跨年度的,你跟不上呀!你从头去听初等微积分吧,争取通过大学考试。不然将来提拔的时候不好办……"

熊庆来教授的话,语气诚挚,而华罗庚听了却很为难:"恐怕我不能参加大学考试,我连高中毕业的文凭也没有呀!"

他没去听高等数学分析,也没有去听初等微积分,而是自己每天徘徊在数学海洋的岸边,觅珍探宝,每天他只为自己留下五六个小时的睡眠时间,其余的除了工作就是去图书馆。

进入清华大学半年之后,华罗庚的勤奋学习和惊人成就便展现了出来,熊庆来教授根据实际情况,邀请华罗庚去听他的讲解析数论。

就这样,华罗庚和大学高年级学生、研究生们坐在了一起。

华罗庚只用了一年半的时间,便攻下了数学专业的全部课程。而他解决实际问题的能力大大超过了大学毕业生的水平。

有一次,他寄出了3篇论文,都被国外刊物发表了。这是创清华大学纪录的,也是创中国纪录的。

华罗庚除细心攻数学以外,还听从了熊庆来教授的建议,认真地学习外文,有时间就去听学术报告。

他自学了英文、德文和法文,能够顺利地阅读国内外数学文献,在短短4年中,在国外一些数学权威杂志上发表了十几篇有关数论方面的论文，引起了清华大学教授们的惊异。

同学们对华罗庚的成绩也感到非常敬佩，他们想向他取取经，看他是如何学习的。结果，大家失望地发现，华罗庚虽然总是去图书馆，但是每次去，他总是看一会儿就出来。

大家很奇怪，不禁议论纷纷，有的说："他肯定读书不认真。"有的说："他一定是走马观花。"

同学们为了弄清这一情况，一天晚上，他们悄悄地来到了华罗庚的窗下，从窗缝往里看。

只见华罗庚看了一会儿书，就关了灯，上床休息了。当他们要离去时，房间内的灯又亮了——原来华罗庚又拿起那本书，翻看其中的几页，看了一会儿，不由得露出了笑容。

第二天，同学们围着华罗庚，让他说说读书的窍门。华罗庚笑着对大家说：

"我也没什么窍门，只是我觉得读书时不但要用眼睛看，而且还要用心去体会。对于一些结论，不用一字不漏地去记，只要理解后，就容易记住了。因此，我看书，总是一边看，一边想，这叫一边'吃'，一边'嚼'。"

听了华罗庚的介绍，大家也学着像他一样，一边"吃"，一边"嚼"，结果惊奇地发现原来一本需要看十天半个月的书，现在两三天就能够看完了，而且知识记得特别牢固。

华罗庚的数学研究成果，响彻清华大学这所著名的学府。论水平，不仅大学毕业生不及他，有的教授也望尘莫及。

甚至连熊庆来系主任算不出来的数学题目，也会大呼一声："华先生！你过来一下，帮我算算这道题。"

时间久了，大家都觉得这样一个人才天天做一些打杂的工作实在是太屈才了，于是萌生了请华罗庚教微积分的想法，但是在清华大学当助教，至少需要大学学历，可是华罗庚只是初中毕业，究竟这个想法能不能实现呢？

1933年冬的一天，清华大学理学院院长叶企荪特意召集各系教授，专门就华罗庚能不能提升为助教一事，召开了会议。

在会上大家分成了两派，反对派认为不能提升华罗庚当助教，理由是：如果这样做，会有失体统，他们担心会损坏清华大学在国内外的声望。

赞成派认为应该提升华罗庚当助教，理由是：华罗庚虽然没有学历，但是他的真实能力是有目共睹的，清华大学作为著名的学府，不应该局限于传统的观念，应该推陈出新，这样做不仅不会影响清华大学的声望，反而会大大地提升清华大学在国内外的地位和影响。

两派人为华罗庚能不能提升助教争论不休，最后叶企荪院长根据两派的理由，作出了果断的决定。

他认为：清华大学出了个华罗庚是好事，我们不能被资格所限定，立即将华罗庚由助理员提升为助教。

这是打破清华大学先例的。华罗庚进入清华大学的第二年，就这样脱颖而出。1934年他又成为中华文化教育基金会董事会乙种研究员。1935年，提拔为教员。

1936年夏天，在杨武之教授的安排下，经过熊庆来教授的推荐，华罗庚获得了中华文化教育基金，被破格派往英国剑桥大学深造。

从一个初中毕业生到清华大学的助教，再到英国的剑桥大学深造，这个普通人连想都不敢想的事情，华罗庚用仅仅10年的时间就做到了。这其中的艰辛付出只有他自己最清楚。

一段新的历程即将开始了。

爱国的优秀教师

1935年下半年，日本帝国主义发动华北事变，进一步控制察哈尔，并指使汉奸殷汝耕在冀东成立傀儡政权。而国民党政府继续坚持不抵抗政策。失地丧权、亡国灭种的大祸迫在眉睫，民族危机空前严重。

此时的华罗庚正在清华大学数学系担任教员，教一年级的微积分课程。

一天，他的一个金坛的同乡，清华大学工程系的学生李寿慈对他说："罗庚，现在这个局势，你看清华大学还能支撑多久？会不会变成东北大学第二？"

华罗庚问："你记得我们苏南有一位乡贤叫顾亭林的吗？"

李寿慈说："怎么不记得，历史课讲过，不就是《日知录》的作者昆山顾炎武吗？"

华罗庚笑着说："不错！但你还记得他有一句流传很广的名言吗？"

"不就是'天下兴亡，匹夫有责'吗？"

"对了！就是'天下兴亡，匹夫有责'啊！"

接着华罗庚说："今天北平十分危险，这是事实。但我们国家整个都处在危险中。因为日本人想吞并全中国，并不满足于北平甚至华北。今天平津危急，在政府的不抵抗政策下，明天也可能南京危急。大前年'一·二八'，不是上海危急吗？所以，你跑到哪儿都一样。从你个人来说，读书是大事，但就全国来说，民众奋起救亡，才是大事哪！今天我们大家要多多体味顾亭林的名言，首先要在救亡图存方面多做些工作，要做到读书不忘救国才好！"

华罗庚的这一席话，给李寿慈启发很大。此后他就安下心来，一方面上课，另一方面积极参加校内的社会活动。同时，李寿慈还利用被选为十一级级会委员之一的身份，在同学中进行抗日救亡宣传。

1935年11月间，有一次，清华大学学生救国会拟了一篇宣言，请同学们签名。李寿慈把自己的学名李镇签在了领衔的位置。以后，这张宣言被贴在清华大学大礼堂东侧的小桥边上。由于这里是交通要道，所以这张宣言很快就传开了。

一天，华罗庚路过大礼堂时无意中看见了这张宣言，当看到李寿慈的名字时，他忧心忡忡地向李寿慈的宿舍走去。

恰巧宿舍里就李寿慈一个人，华罗庚对他说："那张海报宣言我看到了，内容很好，我赞成。你敢于在领衔处签名，很有勇气，这很好。"

李寿慈听了华罗庚赞扬的话非常高兴。

没想到，隔了一会儿，华罗庚沉重地说："枪打出头鸟，你在宣言上签了首名，反动派很可能认为你是领头闹学潮的，会把你列入黑名单的。今后，你一定要提高警惕，谨防意外。"

李寿慈一听这话，吓了一跳，说："不会吧，我是无党派，又不是学生救国会的重要干部，况且这是爱国的言论，应该没事吧？"

"我也希望如此，但是你还是小心点好。你我两家是世交，我对你像对亲兄弟一样，如果真的有什么事情，你千万记得要来找我。"

1935年12月9日，一次大规模学生爱国运动"一二·九"在北平爆发了。当时北平大中学生数千人在中国共产党的领导下举行了抗日救国示威游行，反对华北自治，反抗日本帝国主义，掀起全国抗日救国新高潮。

"一二·九"运动后，整个北平陷入了白色恐怖当中，反动当局在城里各大学抓人。

华罗庚在自己的房间里多搭了一张床，找到李寿慈说："如果风声更紧，你就到我这里来住吧，教师宿舍会安全一点。"

后来，风声越来越紧，1936年2月20日，清华园遭劫了。那天清晨，有好几百名军警逾墙而入，按黑名单到学生宿舍抓人，而李寿慈恰巧在黑名单之列。

那天的清华园被紧张恐怖的气氛重重包围着，李寿慈看见事情不好，想起华罗庚的嘱托，径直向华罗庚的宿舍走去。

令人吃惊的是：华罗庚的宿舍也来了军警。只见华罗庚在床上坐着，3个军警在询问他什么。

李寿慈看见情况不好，刚想抽身离开，但是已经来不及了，只听有人冲他问道："你是什么人？"

李寿慈稍微调整了一下紧张的心情，回答说："是学生，外面闹得很，哪儿都不准走，只好到华先生这儿来休息一下，顺便问问华先生一些大考的数学问题。"

"有学生证吗？"警官追问一句。

李寿慈大声地说："有！我叫王乃梁，一年级新生。"

说完，他慢慢地从口袋里掏出一个借书证递了过去。

就在几个军警凑在一起看证件的时候，华罗庚开口了，他高声叫道："Mr.王！先坐下来歇歇吧！"

3个军警看罢学生借书证，又看了李寿慈一眼，这才把证件还他，然后对华罗庚说了一句："对不起，打搅了！"就灰溜溜地一起出去了。

华罗庚急忙起身关上了门，把李寿慈拉到提前准备的床上，深深地出了一口气，说道："好险啊！"

接着他又问李寿慈："你什么时候调换上别人的证件的？"

李寿慈告诉他说："幸亏同学们有正义感，王乃梁一看事情不妙，就把他的借书证给了我，还把上面的照片也换成了我的。"

华罗庚高兴地说："这就是中国古话'得道者多助'啊！"

由于夜以继日地参加抗日救国活动，许多进步学生的学习成绩受到影响。尽管他们之间的大部分同学平时成绩常常是 E 和 S，即清华大学成绩超等和优等的记号。

华罗庚所教的大学一年级的微积分，就有好几个进步同学大考时的成绩记分介于 I 与 F 之间，即 I、F 分别是较差和不及格的记号。

华罗庚根据那些同学平时的情况，基本上都给他们提高一级，F 给 I，I 给 N，即 N 是成绩中等的记号。当然实在差得太远的，也只好给他"手枪"，即当时"F"的绰号。

当人们问及："你的评分原则是什么？"

华罗庚说道："评分是一件严肃的工作，要有实事求是的科学态度，是好是坏，要客观判断。但是考试往往不能排除许多偶然因素，所以要结合平时，全面考察，不能过分机械。

"这几位同学，平时学得很好，只因为忙于救亡工作而耽误了学习，大考成绩虽然差一点，但也接近及格，所以最后评为 I 及格，这也是合情合理的嘛！"

"况且，现在有些学校当局压制救亡运动的手段之一，就是采用分数制裁的办法。他们对许多进步学生，以成绩不及格为借口而勒令退学，这是很恶劣的做法。我则要反其道而行之，尽量减少进步学生的不及格，以免为别有用心的学校当局所利用。"

华罗庚在"一二·九"运动前后，充分体现了他作为一个中国人的爱国热情，作为一个朋友的挺身相助，作为一名教师的严谨治学。

别具一格的学者

1936年,华罗庚同李旭旦和周培源一起赴英国剑桥大学学习。他们同乘火车从北京出发,经过西伯利亚、莫斯科、柏林,同行几万公里,最后到达英国剑桥大学。一路上大家彼此相互照顾,促膝谈心,从而加深了相互了解,建立了深厚的感情。

当他们踏上剑桥大学——这座古老而闻名的科学殿堂时,大家的心情都非常激动。

剑桥大学成立于1209年,最早是由一批为躲避争斗而从牛津大学逃离出来的老师建立的。亨利三世国王在1231年授予剑桥大学教学垄断权。剑桥大学和牛津大学齐名,为英国的两所最优秀的大学,被合称为"Oxbridge",是世界十大名校之一,有81位诺贝尔奖得主出自此校。

剑桥大学所处的剑桥镇是一个拥有10万居民的英格兰小镇,距英国首都伦敦不到100公里,绝大多数的学院、研究所、图书馆和实验室都在这个镇上,此外还有20多所教堂。

剑桥大学的许多地方保留着中世纪以来的风貌,到处可见几百年来不断按原样精心维修的古城建筑,许多校舍的门廊、墙壁上仍然装饰着古朴庄严的塑像和印章,高大的染色玻璃窗像一幅幅瑰丽的画面。

华罗庚等三人踏上这片土地,不禁自豪地高呼:"剑桥,我们来了,中华大地的儿女来了!"

此时的剑桥大学,正值它的鼎盛时期,被誉为"数学家摇篮"。在这座绿荫覆盖的世界著名学府里,英国著名数学家哈代坐在当年万有引力定律的发明者牛顿坐过的高背椅子上，主宰着数学领域的一切。来自世界各地的数学精英们，慕名到此切磋学问，交流经验，也通过剑桥大学的各种学术活动，彼此检验水平，比试高低。

此时中国的数学已经沉默了很多年。据史书记载，中国数学家对人类所作出的贡献可以追溯至1300年，那时中国数学家发明的二项式系数的巴士卡三角形、逼近多项式根的方法，以及四次方程的联立方程组的技巧和著名的"中国余数定理"，都曾为各国数学家称道，并被广泛采用。

可是明朝以后，数学的发展就停滞不前了，思想不活跃，创造发明也极少，甚至早先的发现，像解四次方程的方法，也都被人遗忘了。从那时至1900年以前，中国的数学研究可以说是没有生气的。

直至20世纪初，中国的数学家才开始研究、继承过去的数学贡献，同时努力吸收西方数学的长处。一些中国学生奔赴欧洲和美国的各个大学留学，并且开始在国际上发表论文，研究的领域涉及数论的各个方面。

总体上讲，中国的数学是落后的。当房东知道华罗庚是从中国来的，而且是研究数学的时候，惊讶地瞪大了眼睛，"Mr. 华，你真厉害，你以前在哪所大学读书？"

华罗庚不卑不亢地回答道："我只是一名学徒。"

"什么？你只是一名学徒？太不可思议了！"

是啊，以前的房客有德国人、美国人、法国人……从来没有中国人，更没见过一个学徒出身的人，尤其还是身体上有些残疾的人。这一切都让房东感到惊奇。

让房东感到惊奇的还在后面，就是这个貌不出众的中国人，受到了当时声名显赫的数学大师哈代的特别关照。

原来在华罗庚进入剑桥大学这座金碧辉煌的科学大厦时，哈代正离英赴美。哈代在华罗庚到来之前就已经看过他的论文，对这位自学成才的学者甚为欣赏，于是在临走之前，让人传话给华罗庚，告诉他如果他愿意，两年之内就能获得博士学位。

这种待遇在剑桥大学也是少之又少的，通常奔向剑桥大学的博士之路，至少也要历时三年，而哈代说华罗庚"两年之内获得博士学位"，可见他对华罗庚是另眼相看的。

哈代的做法已经让很多人感到意外了，但是华罗庚的选择更令人瞠目结舌。他婉言谢绝了哈代的好意，表示自己不想获得博士学位，只要求做一个访问者。

当时很多的人都说华罗庚傻，"剑桥大学的博士学位"是多少人梦寐以求的啊！但是华罗庚并不这样认为，在他的眼里，要获得博士学位就意味着放弃太多的学习机会，博士的束缚性太大，他想利用这次来之不易的机会，尽可能多地猎取知识。而"访问者"，就可以冲破束缚，同时攻读七八门学科。

华罗庚作为访问者，在一个世界著名的数论学家小组工作。同在一起研究数论问题的全是世界著名的数学家，其中有哈罗尔德、达凡波特、哈代、李特伍德、埃斯特曼、汉斯·海尔勃洛恩等人。

华罗庚在研究小组争取一切机会，听取多种门类的课程，抄写尚未开课的讲义，博采世界诸家成果。遇到问题，他虚心向人请教，共同讨论。

华罗庚是别具一格的学者，他不光能驾驭知识，还能驾驭获得知识的方法，他善于抓住众人成果的核心，掌握了20世纪数论的所有尖端观点，他将这些观点进行改进和提高，从而形成自己的东西。在剑桥的两年中，他赢得了"将欧洲同事的工作包罗殆尽"的美誉。

在剑桥大学的这两年里，华罗庚的成绩是巨大的。他就"华林问题""他利问题""哥德巴赫问题"共写了18篇论文，先后发表在英、苏、德、法和印度等国的数学杂志上，对当时数学领域一些悬而未决的难题连连取得突破。权威、学者们读过他那堪与博士论文媲美的大作，大为惊叹地说："这是剑桥大学的光荣。"

其中《论高斯的完整三角和估计问题》，更像一颗璀璨的新星，将19世纪欧洲数学之王高斯提出的问题彻底解决了。数学是一项接力赛跑，各项研究，总是被后来者居上而超过。春兰秋菊，各为一时之秀。而华罗庚对高斯问题的研究，被公认为是该项研究的最佳成果。

这时，哈代已经完成了令人叹为观止的巨著《数论导引》，他看见了"他利问题"的"华氏定理"之后，高兴地说："好啊，我的著作又得修改了！"

华罗庚的这些成绩与他的勤奋好学是分不开的，他的房东形容这个中国小伙子时说：

"这个年轻人，衣着简单、朴素，很少睡觉，甚至通宵不眠，他的手边总是拿着书、笔和演算纸。他总是不停地在想问题，有的时候吃着吃着饭，他就开始在纸上演算了起来，而这个过程往往持续到下顿饭的时候。

"Mr. 华很少出门，每当他去游览剑桥的名胜古迹的时候，也就是他想问题想得头大的时候，他往往需要借助那教堂古老的钟声才能够让自己的思维有所突破……"

就在华罗庚在数学的殿堂不断攀登的时候，令世界震惊的"七七事变"爆发了。随着日军侵华脚步的迈进，华罗庚在剑桥这片和平的土地上再也待不住了。

"我要回去，回到祖国的怀抱！国难当头，作为中国人，我责无旁贷，必须回到母亲的怀抱，尽我微薄之力！"

怀着崇高的爱国情怀，华罗庚于1938年取道伦敦，途经香港，回到了祖国的怀抱。

艰难岁月

我们最好把自己的生命看作前人生命的延续,是现在共同生命的一部分,同时也是后人生命的开端。如此延续下去,科学就会一天比一天灿烂,社会就会一天比一天更美好。

——华罗庚

在国难中艰苦度日

华罗庚的前半生都是在国难中苦苦挣扎。此时,华罗庚正在经历他人生的第二次劫难。

1938年,华罗庚回到了祖国。

这时国内的形势是,中国东北已经完全沦陷了。

清华大学、北京大学和南开大学也因战乱被迫迁至昆明,三者合并成立了一所大学——西南联合大学。

华罗庚作为海外归来的学者,他的数学水平在当时已经没有任何争议了。在杨武之教授的建议下,西南联合大学聘请了华罗庚担任数学系的教授。

年仅28岁就当上了大学教授,这在清华大学的历史上开了先例。而未经讲师、副教授就直接提升为教授,这也是由华罗庚开创了先河。

战争的硝烟笼罩着整个中华大地,国不泰,民不安。

华罗庚作为一个科学家,他觉得自己的任务是重大的,他应该把科学作为武器和敌人展开斗争。但是,在当时的环境下,连生存条件都难满足,更别说是其他了。他觉得自己每走一步都是那么艰难。

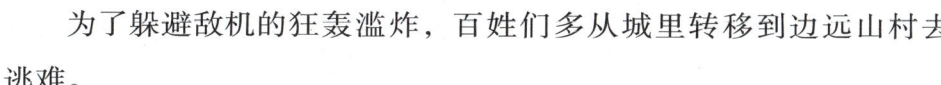

为了躲避敌机的狂轰滥炸,百姓们多从城里转移到边远山村去逃难。

华罗庚一家也几经辗转,最后好不容易躲到了位于昆明郊区20公里外的一个小村庄里。

一家七口人挤在一个摇摇晃晃的小阁楼里,阁楼分为两层,上层住人,下面养些鸡、鸭、牛、羊。

就是在这样艰苦的环境下,白天华罗庚拖着那条残腿去学校讲课。晚上回家,他就点燃一盏油灯,在微弱的灯光下专心写他的论著《堆垒素数论》。

当时的社会状况是,人民的生活苦不堪言。

在战乱的摧残下,昆明人的生活已经很困苦了,但是教授的生活更加艰难,那时盛传着这样一句话:"教授教授,越教越瘦。"

有一次,华罗庚和闻一多两人正在大街上走着,身后突然间跟上来几个要饭的叫花子,闻一多看见后就对华罗庚说:

"罗庚,我和你打个赌,我只说一句话,这些叫花子就不跟着咱们了。"

华罗庚笑着说:

"我才不和你打这个赌呢,这件事我也能够办到。"

两人会意地一笑,同时回头对那些人说:

"我是教授。"

那群跟在后面的叫花子一听这话,"呼啦"全散了,有的人嘴里还叨念着:

"哎,我的命真不好,跟了半天,跟了个比我还穷的。"

在当时,其实生活的艰苦只是一个方面。最重要的是,人们的自身安全根本得不到保障。

这里虽然是大后方,但是敌机还是会时不时地来这里进行空袭。

有一次,华罗庚因为想问题想得太入神了,他根本没有意识到危险随时可能降临。甚至连飞机来时的警报声他都没有听见，结果差点被轰炸到。

到了20世纪60年代，华罗庚的学生们在借读他的书时，发现几乎每页上都沾有沙土，那就是当时在昆明时，飞机轰炸留下的纪念。

随着生活越来越艰辛，当时有很多教授都选择了改行经商，或者是弄张护照到国外谋生。就在这个处处为难的时候，华罗庚的第三个孩子也出生了。

孩子的出生，让华罗庚一家的生活更加艰难了。吴筱元劝道：

"罗庚，你看咱们现在这个家，吃了上顿没有下顿，大人还能忍忍，可是孩子们呢，他们正是长身体的时候，这样下去，我真怕他们会吃不消的。"

华罗庚抱歉地说：

"筱元，是我没本事，让你们受苦了。如果我去敌占区，咱们的日子一定会来个180度的大转弯，可是我不能那样做啊。如果我去了那里，即使什么事情也没做，也会受到世人唾骂的，毕竟我的影响面太大了。"

"罗庚，这个我知道，我的意思是，你能不能也像别的教授那样改改行，或者上国外去呢？"

"你说的我不是没有想过，可是科学是我追求一辈子的事情，我怎么能够轻易放弃呢？在战争爆发的时候我就在国外，而且当时受邀去苏联访问，我是放弃那里的一切回国的，现在又怎么可能跑到国外去呢？"

听了这话，吴筱元便无言以对了。她尊重丈夫的选择，但眼看着孩子们吃了上顿没下顿，明显营养不良，身为母亲，比谁都心痛。

华罗庚看了看妻子又说：

"筱元，我知道你都是为了这个家，这样吧，我去中学看看，找个兼职贴补一下家用。"

事已至此，也只能这样了。从此以后，华罗庚除了在西南联合大学执教外，还去附近的中学教课，而家中的一切都归吴筱元打理。

虽然条件如此的艰苦，但是华罗庚从来没有放弃过对数学的研究。

在4年多的昆明生活中，华罗庚克服重重困难，发表了20多篇极具影响力的论文，同时撰写了《堆垒素数论》一书。

这部著作讨论了华林问题、哥德巴赫猜想问题和一些相关的问题，统一并改进了他以前的研究成果。

但是，令人万万没想到的是，这部凝聚了华罗庚大量心血和汗水的《堆垒素数论》的中文原稿竟然被国民党中央研究院丢失了。

华罗庚闻听，悲愤不已。生活的艰难，他可以忍受；玩忽科学，他愤不能平。他认为，扼杀科学的人无异于刽子手。

他拉住好友闻一多的手悲苦地说：

"你说数学有什么用？我恨不能也去搞政治，跟他们碰一碰。"

这时候，他的另一位好友，党的地下工作者王士凤劝阻了他：

"眼前的黑暗早晚有一天会结束。你的腿不行，还是搞你的数学，将来会有用的。"

华罗庚这才放弃了从政的想法，继续他的科学研究。

与闻一多的友谊

在西南联大的日子里,华罗庚跟一批同样具有爱国主义思想的教授们结下了深厚的友谊,其中关系最密切的要数著名的爱国主义学者、大诗人闻一多。

闻一多,原名闻家骅,于1899年生于湖北省蕲水县,即今湖北省黄冈市浠水县的一个书香门第的家庭,1912年考入清华大学,喜欢读中国古代诗集、诗话、史书、笔记等。1922年7月赴美国芝加哥美术学院学习。1925年,回国后一直从事教育工作。

抗日战争爆发后,闻一多赴西南联大任教授,积极参加爱国民主斗争。在此时期,特别是1943年以后,他在中国共产党的影响和领导下,积极投身于反对国民党政权的独裁统治、争取人民民主的斗争的洪流。

在昆明的时候,闻一多听说华罗庚一家住在摇摇欲坠的阁楼上,一家人挤得难以容身,而且周围的噪声非常多,于是他热情地把自己在陈家营的房间让出一半,当中用布隔开,请华罗庚去住。为此,华罗庚还特意写了一首《挂布》诗,用以抒发这种情谊。

诗中写道:

挂布分屋共容膝,岂止两家共坎坷;
布东考古布西算,专业不同心同仇。

后来,闻一多为了生计到中学去兼课,把家搬到了昆明西城昆华中学去住了,华罗庚还住在陈家营。

随着教授们在昆明的生活日益艰苦，闻一多一家的日子也越来越难维持下去。为了养家糊口，闻一多除了到中学里兼课外，还被迫"挂牌治印"。

闻一多的父亲是前清的秀才，早年，闻一多学过艺术，曾随父学会了雕刻。没想到，如今这却成了他养家糊口的本领。

闻一多对华罗庚感慨地说："想当初，我是全凭兴趣学得这刻制图章，当时，还被父亲骂为不务正业，谁能想到，如今这刻章竟然会成了我闻一多的饭碗！这个国家已经腐烂到什么地步了，我们能再沉默下去吗？"

此时华罗庚想起了闻一多在《心跳》中呼唤的两句诗："谁稀罕你这墙内方尺的和平！我的世界还有辽阔的边境！"

"闻一多治印"的招牌亮出去以后，前来求印的人很多。既有仰慕闻一多民主斗争精神的学生、爱国人士；也有为了求得闻一多的墨宝而来的达官显贵。

有一天，一位国民党的军官拿来一枚象牙坯子让闻一多治印，他趾高气扬地说："好好给我治印，到时候工钱少不了你的！"

闻一多轻蔑地看了那个军官一眼，说："你还是找别人吧，我现在没空！"

那军官一听不高兴了，后来他转念一想，以为是闻一多嫌钱给得少，于是掏出了10倍的钱，说道："给，这些钱足够了吧！只要你弄得好，到时候我再打赏你点。"

闻一多头都没抬地说道："这钱你还是自己留着吧，我闻一多虽穷，但不取这昧良心的钱，你请回吧！"

那军官听了这话气得直哆嗦，"咣——"的一声，把闻一多的桌子掀翻了，厉声说道："你可别敬酒不吃吃罚酒！快给我刻章！"

闻一多根本不理睬他，低头收拾收拾东西就走。

这时，四周围了很多看热闹的人，大家纷纷指责那名军官，那军官怕激起民愤，无奈只得灰溜溜地走了。

这件事情很快就被华罗庚知道了，他担心地对闻一多说："你这样公开地和那个军官作对，小心他找你麻烦。"

闻一多大义凛然地答道："我没做错事，他怎么找我麻烦！如果他真的找了，那只能说明这个国家太腐败了。如果真是那样，我更应该站出来。'民不畏死，奈何以死惧之？'难道我连古人都不如吗？"

这件事情过去很久，也没见那个军官再来找碴，华罗庚的心这才放进肚子里。

1946年3月，苏联科学院用英文出版了华罗庚的《堆垒素数论》一书，接着，又邀请他访问苏联。

这天，华罗庚去大使馆办理护照，使馆的武官威胁他说："你是社会贤达，是科学界有影响的人物，应该参加国民党，否则，你回国后会有危险。"

"我是应苏联对外文化协会之邀，去苏联访问的学者，这也是罪名吗？"华罗庚从容不迫地问道。

华罗庚并不理会使馆人员的威胁，准备起身去苏联。闻一多前来送行，他鼓励华罗庚说："我们要学习苏联，要走苏联的道路，你能到苏联学习，对于将来搞好我们中国的科学事业，也是有好处的。你千万不要错过这个机会。"

随后，闻一多又将一枚专门为华罗庚刻制的印章送给了他。上面写道：

顽石一方，一多所凿，

奉贻教授，领薪立约，

不算寒伧，也不阔绰，

陋于牙章，雅于木戳，

若在战前，不值两角。

这枚小小的印章"不值两角",但是在华罗庚的心里却比黄金还要珍贵。他一直小心翼翼地珍藏着这枚印章,将其作为友谊的纪念。

到达苏联后,华罗庚到各大城市参观访问,发表演讲。他看到苏联人民在战胜法西斯之后,在斯大林的领导下,正热火朝天地进行国家建设。想到自己的祖国在战胜日本之后,却又陷入了另一种白色恐怖中,他心中感慨万千:要是我的祖国在和平的环境下建设,那该多好啊!

华罗庚在苏联还发现这是一个十分重视知识和科学研究的国度。这里的科学杂志都是新出版的,上面记述的都是最新的科学成果。他还在其中看见了一篇自己的论文,而这篇论文在国内却石沉大海,没有一丝音讯。

华罗庚访苏回国之后,冒着生命危险在昆明青年会的阳台上向数千名大学生作了题为"访苏三月记"的报告。在报告中,他赞扬了苏联在科学研究中取得的成就,这大大地鼓舞了在黑暗中生活的师生们。

闻一多也在场专心地听了华罗庚的报告,在散会后他握着华罗庚的手说:"你把苏联的情况介绍得这样详细,很好,这对当前民主运动的发展很有好处。"

接着他又说道:"你怎么不怕有人用钱买你的人头?"

"我的头可没你的值钱,没有人悬赏40万要它啊!"华罗庚笑着回答。

听了这话,闻一多诙谐地说:"有人说,我变得偏激了,甚至说我参加民主运动就是因为穷疯了。我的脑袋值40万啊,这样也算穷吗?!"

华罗庚严肃地说道:"一多,你还是小心点吧,现在的情况那么紧张,大家都走了,你可要多加小心啊!"

闻一多从容不迫地回答道:"要斗争就会有人倒下去,一个人倒下去，千万人就会站起来！形势越紧张，我越应该把责任担当起来。"

当时国民党正准备发动全面内战，昆明城内城外到处在"山雨欲来风满楼"的战争气氛中。闻一多逆风而上，到处为民主运动进行宣传，他的诗歌和讲演令国民党反动派恨之入骨。

1946年7月15日在悼念李公朴先生大会上，闻一多忍受着连日饥饿带来的折磨，发表了著名的《最后一次的讲演》，当天下午即被国民党特务杀害。

当华罗庚得知这个消息后，顿时眼前漆黑，气愤地流下眼泪，他万万没有想到，刚离开昆明不久，继李公朴教授被暗杀之后，闻一多教授又惨遭暗害，这是什么世道啊！

他望着天空中的朵朵乌云，悲愤地吟道：

乌云低垂泊青波，红烛光芒射斗牛；
宁沪道上闻噩耗，魔掌竟敢杀一多！

"一多，你是我们民族的英雄，你的死是民主主义运动的一大损失，也是中国学术的一大损失。你虽然去世了，但君的宁死不屈的形象永远留在我的心中！"

闻一多被害时，华罗庚的大女儿华顺，正在昆明西南联大附中读书。华罗庚叮嘱华顺要好好照顾受伤的闻立鹤，尽量安慰悲痛中的闻师母。

华顺不顾时局的动荡，冒着被捕的危险，跑到云南大学操场上默默地看着和自己曾经朝夕相处、和蔼可亲的闻伯伯的遗体被烈火焚化。为宽慰闻师母，她还管闻师母叫干妈，像对待自己生身母亲一样，尽着一份孝心。

新中国成立后，华罗庚一直关照闻一多子女的成长。在闻一多80诞辰的纪念大会上，华罗庚曾写诗颂道：

> 闻君慷慨拍案起，愧我庸儒远避魔。
> 后觉只能补前咎，为报先烈献白头。
> 白头献给现代化，民不康阜誓不休。
> 为党随处可埋骨，哪管江海与荒丘。

华罗庚在这首《报先烈》中，表达了："在最黑暗的时刻，没有像闻一多一样挺身而出，用生命换取光明的愧疚。同时还有可以用自己的余生完成一多先生和无数前辈的未竟事业的欣慰。"

华罗庚和闻一多的深厚的革命情谊，是难以用笔墨形容的。闻一多的儿子闻立雕曾这样描述华、闻两家的友谊：

"两位海内闻名的学者，在国难时期结下了深厚的友谊，最后，双方为祖国人民'鞠躬尽瘁，死而后已'，他们的友谊，将成为世代传颂的佳话，他们崇高的献身精神，将永远鼓舞亿万中华儿女向着伟大的目标前进！"

两位伟大的学者，他们都以自己的方式报效着自己深爱的祖国，他们的友谊长存，他们的精神永驻我们心间。

返回家乡探望故友

1946年夏天，华罗庚接到美国普林斯顿大学的邀请，准备出访美国。

在临行前，华罗庚回了一趟故乡。

华罗庚拿着祭品，首先去了父母的墓前扫墓。他向二老叙述了自己这些年来的生活经历，想到二老操劳了一生，到了晚年也没有享到清福，不禁泪流满面，他喃喃自语道：

"爸、妈，你们放心吧，虽然你们没有过上好日子，但是儿子答应你们，会尽自己的全力，让别的父母过上幸福的生活！"

从墓地回来后，华罗庚就直接去了王维克的家中。

到了王维克家的门口，华罗庚的脚步开始放慢了，他不禁想起了多年以前的历历往事。

那时候，他是这里的常客，王维克老师和他的夫人对待华罗庚就像对待自己的亲生儿子一样。华罗庚也把这里当成了自己的家，饿了自己找吃的，渴了自己倒水喝，困了倒在床上就睡。岁月如梭，再也回不到从前，好多事都已物是人非了。

如今回到这里，华罗庚的心情激动极了，他轻轻地敲了敲屋门。

"来了，来了！"屋里传来急促的脚步声。

听到王师母陈淑那熟悉的声音，华罗庚的心跳不觉加速了。

"罗庚来了！维克。"陈淑看见华罗庚，惊喜地喊道。

王维克看见眼前站的人是华罗庚，一时激动得说不出话来。

哪个教育工作者不渴望自己的学生能够出人头地啊？如今的华罗庚已经是世界闻名的大数学家了，而这个大数学家就是自己当年的学

生,这怎么能不让王维克欣喜和高兴呢?

师生两人寒暄了一阵,华罗庚感觉到王老师有些拘谨,于是说道:

"王老师,我不仅是您的学生,而且是您的儿子。中国有句老话'一日为师,终身为父',我能有今天的这点成绩,与您的栽培是分不开的。可以说没有您,就没有今日的华罗庚。而且您在物理学、天文学以及法文上的造诣之深,是我这辈子都追赶不上的。"

王维克听了这话,感觉眼前的华罗庚不是那个赫赫有名的大数学家,而只是那个自己心爱的有着数学天赋的少年。那种有些拘谨的气氛一下子轻松了。

两个人便天南海北地畅快地聊了起来,不知不觉地聊到了这次去苏联的见闻。

华罗庚说:"这次在去苏联的路上,我遇见了一个印度人,他恭贺我说,你们国内现在国共合作了,国家可以走向和平合作的道路,不像我们的国家,内部一点都不团结。言下之意,他们似乎都羡慕我是个中国人。可是我当时一点兴奋的感觉都没有,因为我比他们都更了解真实的情景,我是多么希望真的能够像他说的那样,国家能够和平康乐啊!"

王维克听了这话叹了一口气,说道:

"战争还远没有结束,前面的道路还很漫长。这次你去美国有什么打算吗?"

"讲完学就回来啊。"

王维克语重心长地说:

"罗庚,听老师的一句话,别着急回来,在那里你能够多做点研究,这对一个科学家来说是非常重要的。"

"可是,我觉得这里更需要我啊。"

"当初我在法国的想法和你一样,学成就回国了。可是回国后,没有人重视，就是有一番抱负，却没处施展。"

这时，王师母插话了，"罗庚，别都听他的，他那性格太傲，所以才会受人排挤。"

华罗庚冲着王师母笑了笑，说道："我知道王老师一直也没闲着，正在忙着翻译《但丁》呢。"

王维克也笑了，"什么都瞒不过你啊！"

华罗庚郑重地说："王老师，这次我去苏联发现那里对知识非常重视，只有对知识重视了国家才能够富强。而现在的国民政府，对知识却是漠视的。对此我也很心寒。"

"就因为如此，我才让你不要急着回来，否则你回来也没有用武之地。"

王维克沉思了一下，又说了一句：

"科学是没有国界的。"

这时，王师母端着晚饭进屋了，喊道：

"吃饭了！罗庚，今天我做的都是你最爱吃的。"

刚才谈论的话题就此搁下，大家高高兴兴地吃晚饭了。吃完饭后，华罗庚又待了一会儿，才依依不舍地离开了王老师家。

第二天一大早，华罗庚又来找王维克，然后两个人在华罗庚曾经熟悉的土地上转了又转。

左邻右舍的人看见华罗庚回来了，都奔走相告。

"猜猜，谁来了！是华罗庚，那个大数学家华罗庚！"

"那个华罗庚是我的同学，以前我们两个还是同桌呢！"

"我以前还从华罗庚那里买过棉花呢！"

每个认识华罗庚的人都深深地引以为豪。

到了下午，老校长韩大受受县教育局的委托，前来邀请华罗庚进行一次演讲，为了让老校长高兴，华罗庚痛快地答应了。

在演讲的当天，金坛中学的会堂被围得水泄不通，凡是能够到场的人，几乎都来了。

主持会议的李月波老师称赞华罗庚是一位难得的天才，他的聪慧很小的时候就显现出来了。华罗庚连忙站起来向大家解释道：

"我哪里是什么天才，我的恩师都在这里，不信，可以问问他们。我初中的时候数学还考不及格呢！"

下面有人问道：

"那你以后是怎么成为大数学家的？有没有什么诀窍啊？"

华罗庚严肃地说：

"科学是没有诀窍的。我有今天的成绩首先要归功于我的众位恩师们，是他们培养了我，使我对数学有了兴趣。如果问我成功的经验是什么，说起来很简单：只要勤奋和刻苦，锲而不舍地学下去，就会有成绩。一分耕耘一分收获，只有不懈学习的人才能到达辉煌的顶点。"

讲到这里，下面的掌声如雷鸣般响起，有人喊道：

"我们都要像华罗庚学习，做'呆子'！"

华罗庚听见这话，笑着说：

"不知道是谁在喊我的绰号，那时我研究数学入了迷，差点把我家的那个小杂货店给赔光了。"

讲到这里，华罗庚深有感触地说：

"学习就要学进去，做到融会贯通，不要贪图数量，不顾质量。我开始自学时，急于赶课程，过了一些日子，书是看了不少，可是一做起习题来就发现原来是一知半解，一锅夹生的饭。到头来，还得从头开始。我希望青年人不要犯我的错误，学习一定要循序渐进，持之以恒，一步一个脚印地学下去。"

华罗庚的话引起了一阵又一阵的掌声。

接下来，华罗庚讲了讲在国外的见闻，当谈到国外的科学和教育的发展时，华罗庚神情黯然地对大家说：

"我们国家与发达国家的差距太大了。当初,日本人管我们叫'东亚病夫',我非常不服气。"

华罗庚停顿一下,接着说道:

"可是到了国外,我发现咱们中国人在别人眼里就是低等人,吃的、穿的、用的、住的、干的,都是低等的。这是为什么?难道说我们中国人比别的国家的人傻吗?不是!中国也曾经有四大发明,也曾经把边境扩展到别的国家。可为什么现在的中国人却成了低等人呢?归根结底是因为我们国家太穷,太落后。钱,都拿去打仗了,科学技术怎么能够发展呢……"

华罗庚在金坛又逗留了两天,然后就起程回昆明,于9月奔赴美国。

赴美从事研究工作

1946年9月，华罗庚安顿好妻子和孩子，由昆明到上海，准备从上海乘"美格将军号"轮船远渡重洋前往美国。

这次一同赴美的好友有中央大学地理系主任李旭旦教授和夫人陆漱芬女士，还有李政道、朱光亚、唐敖庆等几位西南联大的学生。后来，唐敖庆成为中国著名的化学家，朱光亚成为著名的核物理学家，李政道在同行人中年纪最轻，后来和杨振宁一起，发现了著名的"宇称不守恒"定律，获得诺贝尔物理奖。

这一行人虽然都是中国的精英，但是论名气还是数华罗庚最大。

当李政道问起华罗庚在苏联时的见闻时，华罗庚兴致勃勃地说："苏联是一个重视知识、重视科学的国家，尤其重视实用科学。"

李政道问道："那数学是实用科学吗？"

"当然，在苏联许多从事实用科学的人，最后常常转到数学中来，因为许多不能解决的问题，只有从数学中才能找到答案。在莫斯科大学6000多名学生中，就有600多人学数学，由此可知数学在苏联是极受重视的。"

"那咱们国家的学生有许多人不愿意和数学接近，那是为什么啊？"

"咱们的教学太注重方法，而忽略了原则。教一道数学题，不是教他为什么这么做，而是教他用很多方法去做。其实一道题，一种方法就可以了，教多了反而会给学生增加负担。除此之外，老师太注重形式，不注重内涵，学生是死记硬背，同一道题，换种解法就不认识、不会做了。"

所有在场的人都点了点头，表示赞同。

接着大家又谈了谈对时局的看法，后来说到了此次的美国之行。

李政道问："华先生，您这次去美国，还打不打算回来？"

"当然回来啊！"

"可是现在的政府对科学一点儿都不重视，他们的精力都用在了战争上，您觉得我们留在国内有益处吗？"

李旭旦说道："罗庚，我们夫妇这次出去，就没打算回来，至少是没打算立刻回来。"

唐敖庆接着说："你的《堆垒素数论》一书，就是一个前车之鉴，让大家对政府的心都寒了啊。"

原来，华罗庚在1941年——这个炮火连天的抗战岁月里写成的《堆垒素数论》的中文本原稿，当时寄给了国民党教育部，却几乎无人能够评审这部著作。

何鲁作为当时蜚声中外数坛的泰斗，也是国民党政府仅有的6名部聘教授之一，华罗庚的《堆垒素数论》的评审工作，自然地落到他的身上。

何鲁冒着灼人的酷暑，挥汗审阅《堆垒素数论》，在审阅的过程中，他不时击案叫绝，一再对人称赞华罗庚："此天才也！"

何鲁把《堆垒素数论》审阅完毕，还为这部名著作了长序介绍，并以他"部聘教授"的声望，坚持对华罗庚授予数学奖，这是国民党政府颁发的唯一的数学奖。

后来，这部《堆垒素数论》名著决定由教育部送去出版，结果这部名著不但没有出版，连书稿的影子也没有找到。

每每想起这件事，华罗庚就火冒三丈，当时恨不得弃文从政。由于当时政府对科学的不重视，这本数学著作最终在苏联首先发行。

中国的著作却是在苏联最早发行，听起来真的是个莫大的笑话。而这件事，给当时中国的科学界很大的震撼，大家对政府的信任度大大下降。

《堆垒素数论》的发表一直是华罗庚的一块心病，今天大家重提此事，让他对回不回国的问题，开始了重新的思考。

李旭旦望着那滚滚的黄浦江水说道："如果不是不得已，谁都不愿意出国。如果有那么一天，我们的梦想实现了，中国真正开始和平建设，我想科学绝不是太次要的问题，我们绝不能等待着真正需要科学的时候，再开始研究科学。"

他顿了顿又说："罗庚，在国外你好好研究，等到国家真正和平的时候，你再把自己一身的本领用在国家的建设上。我坚信国家真正的和平就快来了！到时候就是我们大展拳脚的时候了。"

李旭旦的一席话让华罗庚的思想发生了转变，他点点头说道："这可能是另一种救国的方式吧……"

就这样，华罗庚带着一颗沉重的报效之心离开了养育他的祖国。

华罗庚到美国后，先以客座讲师的身份在普林斯顿大学工作了一年多。随着华罗庚在国际上学术地位的日益显赫，美国伊利诺伊大学聘用他为终身教授。

1948年，吴筱元带着3个儿子也来到了美国。华罗庚一家住在一座小洋房里，里面有四间卧室、两间浴室，还有一个可以容纳五六十人开酒会的客厅。出门还有一辆崭新的顺风牌小汽车。

刚开始的时候华罗庚的年薪是1万多美元，后来增加至了2万多美元，生活比在国内舒服得多。

伊利诺伊大学还为华罗庚特别设有4个助教和一个合用的打字员，工作条件再好不过了。

在美国的4年时光里，华罗庚除担任教学工作以外，还认真从事科学研究。他的数学研究范围扩大到多复变函数论、自守函数论和矩阵几何。

美国数学家狄瑞克·莱麦尔说："华罗庚有抽取、抓住别人最好的工作的不可思议的能力,并且能确切地指出他们的结果中哪些是可以改进的。他有许多窍门,他广泛阅读并掌握了 20 世纪数论的至高观点。他的主要兴趣是改进整个领域。"

他在高度评价华罗庚的成就时援引这样的事例说:

"欧洲伟大的科学家范·德·瓦尔登在 1928 年确定了交换域 K 上的特殊射影群（$n \geq 2$）的自同构,对 $n \geq 2$ 的情况,证明中有一个错误。20 年后华很巧妙地提出了这个不当之处,并纠正了它。"

美国数学家评论说:"对华罗庚的艺术创造性的有力的贡献,我们是十分熟悉的,因为我们几乎天天都要运用他的研究成果。他的知识深度和天才,给了我们无法忘记的印象。"

在美国,华罗庚还有一个非常大的收获,那就是他因伤寒而残疾的左腿终于得到了明显的纠正。美国的外科医生们从他健康的右腿上割了一块好肉,移植到左边的坏腿上。4 个月后,华罗庚的两条腿总算能够靠拢起来了,16 年的"圆规运动"终于结束了。

绕道欧洲回归祖国

在美国，华罗庚可谓如鱼得水，但是他的心却时时刻刻惦记着苦难的祖国。他每天在各大报纸上寻找关于祖国大陆的新闻报道。

听到共产党从延安撤出的消息，他十分焦急。听到刘邓大军挺进大别山、辽沈战役胜利的消息，他又是那样的欣喜若狂……

华罗庚不仅在心中关心着国家的命运，而且在行动上也表现出满腔的爱国热情。

在一次中国籍教授的聚会上，华罗庚曾进行了这样一番讲演：

"诸位，我们大家来到美国，并不准备久居，当初是因为在国内科学家无用武之地我们才出来的，现在，国内要民主、要科学的呼声越来越高，我情愿和同胞们站在一起克服困难，而不希望站在世外。我认为，这是我们作为一个中国人应尽的义务。因此，如果谈希望的话，我希望回国和苦难兄弟们在一起，把祖国建设好！"

这时，美国正实行麦卡锡主义。第二次世界大战后的美国，战争的阴影还没有消失，"冷战"的恐怖气氛又接踵而至。美国一方面在国际上与苏联对抗，另一方面在国内清除所谓的"共产主义意识形态"，打击进步的势力。

1945年3月，美国众议院以207票赞成、186票反对，将其臭名昭著的"非美委员会"改为常设机构。与此同时，由于美国国内通货膨胀指数急剧上升，在短短的一年中发生了3万多次罢工，共有450多万工人走上街头。非美委员会借机指责工会"已被共产党渗透"，极力煽动公众反对共产主义和共产党，迫害进步人士。

在美国国内，成千上万的华裔和亚裔被怀疑为"间谍"。他们不仅被非法传讯，不准寄钱给中国的亲人，甚至被禁止公开谈论自己的家乡，还有不少人因被指责"同情共产党"而受监禁、被驱逐甚至遭暗杀。

在美国工作的著名物理学家钱学森也因被指责在战时参加了美国共产党的活动，受到了联邦调查局的传讯。

此后，钱学森多次发现他的私人信件被拆，住宅电话被窃听，他的"国家安全许可证"也被吊销。直到他离开美国前，还一直受到美国移民局的限制和联邦调查局的监视。

就在这样的情况下，华罗庚还积极地参加了留美中国学者和学生们争取回国的活动，担任了一个中国学生团体的负责人，他冒着很大的风险动员留学生们回国，公开表示爱国的愿望。

1949年末的一天，华罗庚十分高兴地从外面回到了他的寓所，一踏进大门，就大声喊道："筱元，快把酒拿出来，今天咱们要好好庆祝一番！"

"发生了什么事？你竟高兴成这个样子！"吴筱元惊诧地问。

"祖国解放了。华顺来信了，叫我们快回去！"华罗庚一边说，一边从皮包中取出华顺的信。

吴筱元看了女儿的信："北平解放了，全城一片欢腾，共产党廉洁奉公，解放军纪律严明，不拿群众一针一线。新中国的建设需要一大批爱国科学家参加，希望父母赶快回国。"

吴筱元看了这封信，激动得流下了眼泪，喃喃自语道："终于解放了，一家人终于能够团聚了！"

她看了看华罗庚，问道："走不走呢？"

华罗庚斩钉截铁地回答："走！当然走！"说完他又深情地看了一眼妻子，说道，"这下好了，全家人能够团聚了，也省得你总为华顺和我之间的矛盾担心。"

吴筱元长出了口气，说道："是啊，为了这次来美国，女儿对你的误会非常大，这次回国，你们之间的矛盾终于能够化解了。"

原来，吴筱元带着孩子们来美国时，华顺以为父亲是想长期在美国定居，不再回国。作为一名积极上进的年轻的共产党员，华顺为此和华罗庚闹了很大的别扭。

华顺向母亲坚决地表示不愿意去美国，她说："我已经加入了共产党，我要为新中国的诞生贡献自己的力量，我不能理解爸爸的做法，但我希望爸爸能在战争结束后，早一点回国奉献自己的力量。"

其实华罗庚接他们来美国，是因为当时得知全国的解放已成定局，而蒋介石正加紧撤离大陆的准备，并且准备把在海外的一部分社会知名人士和学者的家眷弄到台湾去。

得知这个消息，华罗庚的第一反应就是：坚决不能让妻子和孩子们到台湾去。于是第二天一大早，他就去办理妻子和孩子们的护照。华罗庚原打算把家人接到美国临时居住，等国内的局势更明朗化了再做决定，没想到这个做法竟然受到大女儿华顺的强烈反对和误解。

为了这个误会，吴筱元没少花费心思去解释、去化解，可是效果不大。这次如果回国，那么一切的矛盾都能够迎刃而解了，她的心情也轻松了很多。可是想到华罗庚的事业，吴筱元又有点担心了，她说道："罗庚，美国的工作条件好，你可能不断有新的成就出来，可是现在新中国刚刚成立，具体什么政策咱们还不清楚，要不，你先在这儿观望些日子，我先回国看看。"

华罗庚摇摇头，说道："你说的这些我都考虑过了，可是我现在恨不得马上回去，一刻也不能等了。学术研究固然是崇高的，但只有把它献给自己的祖国才更有价值。咱们还是为回国做准备吧。"

吴筱元看华罗庚心意已决，也不好再说什么，于是开始为回国进行准备。

华罗庚自信投奔新中国是不会错的。他一面积极地做回国的准备，一面仍旧到大学里去上课。这时候，华罗庚站在讲台的感觉和以前大不相同了，他觉得心里充满了自豪感："我们的祖国站起来了，今天我站在这里，代表的是新中国的主人！"

寒假开始了，华罗庚以到英国讲学为名，设法搞到了全家人的船票，丢下豪华漂亮的汽车、宽敞的洋房和半年的工资，还有进行了一半的课题，乘上从圣弗朗西斯科出发的邮船离开了他工作4年的美国。

华罗庚一家绕道欧洲，经地中海，穿过印度洋抵达香港。一到香港华罗庚的心情立刻变得激动了起来，虽然这时候的香港还在英国殖民者的统治之下，但是它毕竟是中国的土地。"终于到家了！"这种感觉让久别的游子兴奋不已。

在香港逗留的几天时间里，华罗庚闭门谢客，酝酿了一封致留美学生的公开信，在信里他鼓励青年应尽快地回到祖国。

他在信上这样说：

朋友们：

道别，我先诸位而回去了。我有千言万语，但愧无生花之笔来一一地表达出来。但我敢说，这信中充满着真挚的感情，一字一句都是由内心吐出来的。

坦白地说，这信中所说的是我这一年思想斗争的结果。讲到决心归国的理由，有些是独自冷静思索的果实，有些是和朋友们谈话和通信所得的结论。朋友们，如果你们有同样的苦闷，这封信可以作为你们决策的参考；如果你们还没有这种感觉，也请细读一遍，由此可以知道这种苦闷的发生，不是偶然的。

让我先从大处说起。现在的世界很明显地分为两个营垒：一个是为大众谋福利的；另一个是专为少数的统治阶级打算利益的。前者是站在正义方面，有真理根据的；后者是

充满矛盾的。一面是与被压迫民族为朋友的,另一面是把所谓"文明"建筑在不幸者身上的。所以,凡是世界上的公民都应当有所选择:为人类的幸福,应当抉择在真理的光明的一面,应当抉择在为多数人利益的一面。

朋友们如果仔细地想一想,我们经受过移民法律的限制,肤色的歧视,哪一件不是替我们规定了一个圈子?当然,有些所谓"杰出"的个人,已经跳出了这个圈子。已经得到了特别"恩典""准许""归化"了的,但如果扪心一想,我们的同胞们都在被人欺凌,被人歧视,如因个人的被"赏识",便沾沾自喜,这是何种心肝!同时,很老实地说,是现在他们正想利用这些"人杰"。

也许有人要说,他们的社会有"民主"和"自由",这是我们所应当爱好的。但我说诸位,不要被"字面"迷惑了,当然被字面迷惑也不是从今日开始的。

我们细细想想,资本家握有一切的工具——无线电、报纸、杂志、电影,他说一句话的力量当然不是我们一句话所可以比拟的;这等于在人家锣鼓喧天的场合下,我们在古琴独奏。固然我们都有"自由",但我敢断言,在手酸弦断之下,人家再也不会听到你古琴的妙音。在经济不平等的情况下,谈"民主"是自欺欺人;谈"自由"是自找枷锁。人类的真自由、真民主,仅可能在真平等中得之;没有平等的社会的所谓"自由""民主",仅仅是统治阶级的工具。

我们再来细心分析一下:我们怎样出国的?也许以为当然靠了自己的聪明和努力,才能通过考试获选出国的;靠了自己的本领和技能,才可能在这儿立足的。因此,也许可以得到一结论:我们在这儿的享受,是我们自己的本领;我们在这儿的地位,是我们自己的努力。

但据我看来，这里并不尽然的。何以故？谁给我们的特殊学习机会，而使得我们大学毕业？谁给我们必需的外汇，因之可以出国学习？还不是我们的同胞吗？还不是我们千辛万苦的父母吗？

受了同胞们的血汗栽培，成为人才之后，不为他们服务，这如何可以谓之公平？如何可以谓之合理？朋友们，我们不能过河拆桥，我们应当认清：我们既然得到了优越的权利，我们就应当尽我们应尽的义务，尤其是聪明能干的朋友们，我们应当负担起中华人民共和国空前巨大的任务！

朋友们！"梁园虽好，非久居之乡"，归去来兮！

但也许有朋友说："我年纪还轻，不妨在此稍待。"但我说："这也不必。"朋友们，我们都在有为之年，如果我们迟早要回去，何不早回去，把我们的精力都用之于有用之所呢？

总之，为了抉择真理，我们应当回去；为了国家民族，我们应当回去；为可为人民服务，我们也应当回去；就是为了个人出路，也应当早日回去，建立我们工作的基础，为我们伟大祖国的建设和发展而奋斗！

朋友们！语重心长，今年在我们首都北京见面吧！

1950 年 2 月归国途中

这封公开信，是华罗庚选择光明前途，投奔新中国的宣言书。字里行间闪耀着对新中国的憧憬和崇高的信念，它通过红色电波传遍了全世界，使漂流四海、无所依归的知识分子中有不少人找到了归宿，明确了方向，冲破种种阻挠回归了祖国的怀抱。

为了祖国

科学成就是由一点一滴积累起来的,唯有长期的积聚才能由点滴汇成大海。

—— 华罗庚

被清华委以重任

1950年3月16日华罗庚回到北京，他草草安顿好全家后，就立即回到清华大学教书了。

回到这个久别的学府，华罗庚的心情无比激动，就是在这里，他从一个小会计成长为大学教授，就是在这里，他登上了数学的巅峰，可以说没有清华的栽培，也就没有他现在的成绩。

"清华！我回来了！"华罗庚在心中默念道，"我也会像当初的熊庆来教授一样，倾泻全部的心血和智慧，在这里培育出一名又一名的数学明星。"

华罗庚在清华担任的是数学系主任的职位，按理说大学主任的待遇应该很好了，可是新中国刚成立，华罗庚的工作条件和生活条件还是很艰苦的。

一大家子人挤在清华大学的一间宿舍里，里面放上五张床、一张桌子和一个箱子后，几乎就没有什么空余的地方了。这里的条件和美国比起来简直是天壤之别。

在华罗庚的眼里，物质的贫乏根本算不了什么，终于回归了祖国的怀抱，终于能够为祖国的建设贡献自己的微薄之力，数十年的愿望终于实现了，这种精神上的欣慰，超过了一切物质上的享受。

华罗庚把自己火一般的热情，投入到了热火朝天的新中国建设中。他十分清楚中国和发达国家在科学水平上的差距，但是他并没有气馁，而是怀着十二分的信心，马不停蹄地工作了起来。

华罗庚到清华大学后，就新开了两门功课，一门课是"初等数论"，另一门课是"群论"。除此之外，他还赶写了一本《数论导引》，给学生以帮助；并且准备写一本高深的数学方面的书。另外，他组织了一个讨论班，向国内研究数学的人讲述世界上最新的数学知识和一些研究方向。

此外，华罗庚还要出席各种会议。6月24日，他出国参加在柏林召开的东欧4个国家会议——德国科学院250周年纪念大会；在维也纳召开的国际教育工作者协会；在布拉格召开的世界和平大会常设委员会会议；在匈牙利召开的华罗庚是唯一的中国代表的数学会。至9月25日华罗庚才回到北京，在东欧整整待了3个月。

在访问东欧各国回来后不久，华罗庚接到了一个令他既激动又意外的通知：中国科学院请华罗庚对俄文版《堆垒素数论》进行修正和补充，准备出版中文版的《堆垒素数论》。

这块在心中放了多年的疙瘩终于解开了，华罗庚在这本中文版《堆垒素数论》序言中写道：

> 这一本小书能够用本国文字出版问世，是和人民民主政权分不开的。回忆一下，离初稿完成的日子已经12个年头了，离俄文版刊出的日子也已隔了6年。
>
> 在解放以前的漫长岁月里，这书刊出的问题，由即将出版、等待出版、一直演变至原稿搞得无影无踪，以至今天，在中国科学院的敦促之下，我还得从俄文本翻译出来付印。这些事实，有力地说明了旧的政权怎样腐化，怎样地不关心科学。而人民民主政权又是怎样地关爱科学成果。

1952年，中国科学院领导出面邀请华罗庚筹建中科院数学研究所。筹建工作十分困难，蒋介石政权将原来的研究院搬往台湾后，这里不仅缺乏研究人员，更缺乏资料和图书，当时研究院的唯一财产就是黑板、粉笔和板擦。

华罗庚的目光是远大的，在他回国以前，在美国预订了大量的美国数学会的杂志，如《数学学报》《数学评论》等。这时，这些杂志成了这里唯一的资料。

同年7月，在华罗庚的大力筹备下，中国科学院数学研究所终于宣告成立，华罗庚被任命为第一任所长。

在研究所成立的那一天，华罗庚对所有的工作人员说："我们的研究所说是一个研究机构，但实际上还不如一个数学系。某种程度上讲，目前，我们的力量尚不如发达国家的研究机构里的一个课题组。但是，正因为如此，才需要我们这些人。尽管困难是大的，但是为了改变落后的面貌，我们有信心。"

华罗庚带着信心成立了两个数学讨论班，一个是基础班；另一个是哥德巴赫问题讨论班。上课没有讲义，华罗庚亲自编写；没有人讲课，他亲自上台。

华罗庚常对学生们说："你们现在的条件比我要好得多，我失学的时候只有借来的几本书，遇到难题也没有人教我，重要的是我们不能气馁，自己放弃了，任谁都不能再将你拉起。"

华罗庚的工作是繁忙的，但是对学术的研究他始终没有放弃。从1930年算起，他在20年中发表的论文多达120余篇，其中在新中国成立后发表的有《环之准同构及对射影几何的应用》《一个求极限的问题》等近20篇。他一生中为我们留下了200篇学术论文，10部专著，其中8部为国外翻译出版，有些已列入20世纪数学经典著作之列。此外，他还写了10余部科普作品。

由于华罗庚在科学研究上的卓越成就，他先后被选为美国科学院院士，法国南锡大学、美国伊利诺伊大学、香港中文大学荣誉博士，联邦德国巴伐利亚科学院院士，华罗庚的名字已载入国际著名科学家史册。

对于个人的成就，华罗庚认为是小事，为祖国培养出一批有用的人才在他的眼中才是大事。他训练学生的方法，大体上可分三个步骤：

第一，要求学生写一本可以使青年人循此进行某一分支研究的书，在写书的过程中，使学生们得到学习和锻炼的机会。

第二，帮助学生们在一个主题下，搞些专业资料，通过搞资料，使学生们认识到问题的主次。

第三，帮助学生们进一步走上科学研究的道路。

在课堂，华罗庚本着从严执教的方针，不论是谁，只要答不出问题，就要挂黑板。

华罗庚的得意门生、大数学家王元，当时也毫无例外地在黑板上挂了两个小时。当时，王元以优异成绩毕业于浙江大学数学系，他拿着导师陈建功和苏步青的推荐信找到华罗庚，想让华罗庚收他做研究生。

华罗庚看了一下推荐信后，没有任何表示，只是让王元去上课。

不久，华罗庚在教室里考了王元一个题目：如何将二次曲线化成标准型，并用矩阵表示出来。

王元一听，有点蒙了，低着头不知所措。

"我看你是笨得很，这么容易的题目你都做不出来，学数学要学会联想。欧美国家的教授说我们的学生独立思考的能力太差，我看你就是这样。"华罗庚不留情面地说道。

满屋的人，悄然无声，王元在黑板前挂了两个钟头。

最后，华罗庚自扯篷自落篷了。他亲切地对王元说："回去想想吧！"

当时王元的自尊心很受打击，甚至想赌气离开。但是做华罗庚的学生是他童年就开始的梦想，为了实现这个梦想，他付出了很多努力，眼看离成功只有一步之遥，怎么能够放弃呢？于是，王元把华罗庚出的题目又进行了仔细的研究，第二天把结果交给了他。

华罗庚看后很高兴，答应了王元跟他学数论的请求。

有这样感觉的何止王元一个人，华罗庚的学生没有没挂过黑板的。大家对他是既怕又爱。严师出高徒，在华罗庚的领导下，国际数学舞台上倏然出现了一支新中国学派，他们所取得的成果令世界瞩目。

华罗庚当时正值壮年，他黎明即起，走到学生宿舍敲门："起来！起来！起来！"把大学生都喊起来，或者是讨论问题，或是讲学，时间抓得很紧。

有一回，华罗庚和同学们讨论问题，谈论到很晚才去睡。谁知道，半夜，同学们睡得正香的时候，"当当当"，门外又响起了敲门声。

大家睡眼蒙眬地问道："谁呀？大半夜的。"

"快开门，是我！"华罗庚那熟悉的声音传了过来。

大家的睡意顿无，立刻爬起来，给华罗庚开门。

只见华罗庚手中拿着几张草稿纸，两眼炯炯有神，他兴奋地说："今天讨论的问题，我有了新的发现。"

"哦！"大家有些敷衍。

华罗庚一听这语气觉得有点不对头，问道："临走时，我让你们考虑的问题，你们想出答案了吗？"

大家你看看我，我看看你，先摇摇头，然后低下头，小声说："实在太晚了，我们回来就睡了。想明早一起床，就接着研究。"

华罗庚听到这话，气呼呼地把那几张草稿纸往桌子上一甩，厉声说道："你们都是年轻人，正是充满朝气的时候，天天就知道睡觉！想睡，回家睡去！明天一早都给我卷铺盖走人！"

说完，他头也不回地走了。

大家吓得连忙聚在一起，研究起问题来。直至天色蒙蒙亮的时候，问题才有了满意的答案，大家这才松了口气，上床眯了一会儿。

到了早上7点钟的时候，大家全都起来了，抖擞精神向华罗庚家走去。想想夜里的情景，大家还有些心惊胆战，现在唯一的出路，就是让华师母帮忙说几句好话。

吴筱元看见同学们来了，急忙招呼大家吃早饭。可是大家的眼神都往屋里瞟，谁也不敢动。

吴筱元看见这情景，笑着说："别看了，你们华老师一早就出去了。快坐下来吃饭吧。"

听说华罗庚不在家，大家这才放松心情坐了下来，一边吃一边和吴筱元说起昨晚的情景。

吴筱元听完，说道："其实你们华老师回家后，挺后悔的，说自己的口气太重，还说你们年轻爱睡觉其实很正常，他只是太心急了。"

正说着，华罗庚进来了，大家看见他左手提着油条，右手拿着豆浆，急忙上前接了过来。

王元被大家推到最前面，怯怯地说道："昨天您说的问题，我们已经研究出来了……"

华罗庚打断王元的话，对大家说："昨天我的态度非常不好，我先向大家道歉。这些早饭就当是我赔罪了！"

大家一听这话，一颗悬着的心总算落地了，大家像个孩子似的开始抢吃起来。

华罗庚和吴筱元在旁边看着这帮大孩子，开心地笑了。

虽然这次大家没有受到任何惩罚，但是从此以后却没有一个人敢把问题留到第二天。

华罗庚为国育才，忘我工作。他几

乎没有星期日，星期日也是整天地工作。晚上睡得也很迟。他和学生谈话，不乱扯家常，言必谈数学，满口谈的都是数学。

1956年春节，北京师范大学的助教严士健赶到华罗庚家里拜年，华罗庚一见到他，非常高兴。但二话没说，就勉励严士健："希望你在新的一年中，对数学研究工作能够有质的变化。"

严士健牢记老师的教导，埋头苦干，一年中就考取了中国科学院数学研究所当研究生。

1957年春节，数学研究所助理研究员陆启铿拄着两条拐杖来向华罗庚拜年，华罗庚见到他也是二话没说，又把去年赠给严士健的话转赠给他。

华罗庚对陆启铿说："在数学研究工作中，从数量上说你已经有了一定的进展。但是希望你还要严格要求自己，从质量上能够有所提高。"陆启铿两条腿虽然有病，但在数学研究工作上，也和他的老师华罗庚一样，艰苦奋斗，从不懈怠，而且取得了数学研究的可观成绩。

春节——一个中国传统的节日，已经成为数学名家华罗庚的学生们来华老师家拜年，也是交流数学问题的日子。他们师生聚在一起，谈不上几句家常话，就又把话题转到数学方面了。华罗庚鼓励大家："要敢于大胆怀疑，独立思考。对于书本和教材中的错误，敢于提出批评，不要怕争论。真金不怕火炼，只有经过争论，才能辨明是非。"

在华罗庚的领导下，数学研究所从一穷二白的状态慢慢成长为对全国都有很强影响力的科研机构，这里名家会集，各显其能。

陆启铿现在是中国科学院学部委员、中国科学院数学研究所副所长，回忆华罗庚为党为祖国，在数学研究所容纳各种专长的人才对祖国社会主义建设的作用时说：

"在那期间，曾在数学研究所工作而后为学部委员的有胡世华、吴文俊、冯康、庄逢甘、郑哲敏、胡海昌等，在今天都是独当一面，肩负着数学、应用数学、力学、计算机科学或国防研究的重任，并且因为工作的需要，先后到新成立的研究所去工作了。可见数学研究所起了一种很好的储备各方面人才的作用。"

1956年前后，由于我国科学研究工作发展的需要，数学所许多出色的研究人员先后分离出去。同时，数学研究所培养出来的新一代数学家，也开始崭露头角。

陆启铿回忆说："而且还吸引了一大批年轻有为的访问学者，当时的数学研究所是朝气蓬勃、欣欣向荣的。数学研究所涌现出来的新一代人物有越民义、万哲先、龚升、丁夏畦、王光寅、张千里、戴元本、陈平、王元、吴方、陈景润等。不仅如此，中国数学界的老前辈熊庆来教授，也于此时从法国归来，后来熊老又培养出杨乐、张广厚等年轻数学家，这些新一代数学家，后来有5位是学部委员，3位是研究所所长。

"这一时期到过数学所的年轻有为的访问学者有钟同德、林坚冰、谢晖春、严士健、齐民友、董光昌、许绍廉等，最高峰是1958年，接受了上百名的访问学者，比数学所固定的研究人员还多。这样，数学所的影响遍及全国。"

悉心培养人才

自从华罗庚回国后，他就把发现和培养人才作为己任。在他身边工作的人，不管是谁推荐的，要是没有真才实学，华罗庚坚决不收。若是被他看中的，只要你愿意，他会千方百计把你挖过来。

有人曾经开玩笑地和华罗庚说："你看你这里，哪里像是个数学研究所啊，简直就是个残疾人学会。"

其实这话也有几分道理，所长华罗庚因为早年的伤寒落下了左腿的残疾，虽然在美国时得到了治疗，但是和正常人相比还是有一定的差距。研究员陆启铿因为小儿麻痹，双腿行走困难；研究员陈景润"怪癖""健忘""似痴若愚"。但就是这样的一个团队，为新中国的建设作出了巨大的贡献。

每当和华罗庚说起培养人才，他总是谦虚地说："我这都是按照毛主席的嘱托做的。"

1952 年的一天，夜幕降临了，中南海碧波荡漾的湖水和湖堤上的翠柳红花隐没在一片苍茫的暮色中。

华罗庚坐在吉普车上向怀仁堂的方向驶去。他一边催促着司机快点，一边还在不停地写着什么。

司机说道："华教授，今天是什么活动啊，您这么着急？"

华罗庚放下笔说道："是场文艺演出，是为全国政协代表们举办的，去晚了不太好。"

"哦，对了，华教授，您这忙着什么呢？"

华罗庚重新放下笔，回答道："是演讲稿，不是为了赶它我也不会迟到的。"

说完话，华罗庚又开始写了起来。司机透过后视镜看见华罗庚如此认真，也不好再打扰，于是专心致志地开车，不再说话。

不一会儿，到了怀仁堂，华罗庚看了看表，离演出开始还差1分钟，他连忙收拾收拾东西，向演出大厅走去。

这时候，大厅的灯光都已经熄灭了，大家正屏住呼吸等待演出开始。华罗庚借着从门缝中透过的一点光线，艰难地摸索着他的座位。

忽然，他看见在前面七八排的位置上有人在向他招手，并用手指了指身边的空位子。华罗庚高兴地顺着手指的方向走了过去，他坐定后向前面一看，发现这个位置非常棒。

他自言自语道："来得早不如来得巧！看来我的运气不错嘛！"

"谁说你这大数学家的运气坏了？"

听到有人说话，华罗庚猛然想起刚才向他招手的那个人，他扭过头一看，呀，竟然是毛主席！

华罗庚一下子呆住了，刚刚被擦干的汗水，因为激动一下子又冒了出来。

看到这种场面，毛泽东操着浓重的湖南话首先向华罗庚问好。华罗庚激动得有些语无伦次，连连说："好好，我好。毛主席您也好！"

毛泽东轻轻地拍了拍华罗庚的肩膀，说道："我也是贫苦人家出身的，咱们两个都一样。"接着他又诙谐地说，"要不你就当我是一道数学题好了。"

听了毛泽东这亲切的话语，华罗庚的心情也平静了下来，两个人愉快地交谈了起来。

毛泽东问道："罗庚同志，工作上和生活上有什么困难吗？"

"没有，一切都挺好的。"

"咱们新中国刚成立不久，条件肯定比不上美国，但是要有信心，我们一定能够超过美国的。"

"嗯！"华罗庚郑重地点了点头说，"我相信我们的国家在不久的将来一定会赶上并超过那些西方大国。"

毛泽东听了点点头，又说："你能够放弃国外优越的条件回到祖国的怀抱，起到了一个榜样的作用，在你的带动下，一批又一批海外学者都回来了。为此我代表党中央，得好好感谢你啊！"

"主席竟然感谢我！"华罗庚的血又沸腾了。

毛泽东继续说道："现在国家的建设需要大批的科学人才，罗庚同志，你可要担负起培养人才的重任啊！"

"主席，您放心，我一定努力，一定努力。"华罗庚连忙答应说。

又谈了一会儿，两人便聚精会神地看起戏来，毛泽东看着台上的京戏，讲了许多典故，华罗庚是个京戏迷，他和毛泽东谈得很投机。

这是华罗庚与毛泽东的第一次接触，从此，毛泽东的嘱托便铭刻在华罗庚的心中：要为劳动人民培养出更多的好学生来。

华罗庚没有辜负毛泽东的嘱托，他的学生们在20世纪五六十年代，就以一个个惊人的成果脱颖而出了。

王元在1956年至1957年，将苏联数学家布赫希塔布的（4＋4）改进为（3＋3）；1962年，潘承洞证明了（1＋5）；1963年，潘承洞、苏联的巴尔巴恩和王元又都证明了（1＋4）；1966年，陆启铿的一个猜想，被国际数学界称为"陆启铿猜想"等。

在华罗庚的众多学生中，最令他激动的是那个和他有着相似经历的，后来被称为"哥德巴赫猜想第一人"的陈景润。

陈景润于1933年5月22日生于福建省福州市。他从小是个瘦弱、内向的孩子，却独独爱上了数学。演算数学题占去了他大部分的时间，枯燥无味的代数方程式使他充满了幸福感。

陈景润在福州英华中学读书时，有幸聆听了清华大学调来的一名很有学问的数学教师沈元的讲课。

沈元给同学们讲了一道世界数学难题：大约在200多年前，一位名叫哥德巴赫的德国数学家提出了一个命题。他在给俄国圣彼得堡的

数学家欧拉的信中写道：

随便取某一个奇数，比如77，可以把它写成3个素数之和：77 = 53 + 17 + 7；再任取一个奇数，比如461，461 = 449 + 7 + 5，也是3个素数之和，461还可以写成257 + 199 + 5，仍然是3个素数之和。这样，我发现：任何大于5的奇数都是3个素数之和。但怎样证明呢？虽然做过的每一次试验都得到了上述结果，但是不可能把所有的奇数都拿来检验，需要的是一般的证明，而不是个别的检验。

欧拉认为哥德巴赫的这个命题看来是正确的，但是他也给不出严格的证明。同时欧拉又提出了另一个命题："任何一个大于2的偶数都是两个素数之和。"但是这个命题他也没能给予证明。

不难看出，哥德巴赫的命题是欧拉命题的推论。事实上，任何一个大于5的奇数都可以写成如 $2N + 1 = 3 + 2(N-1)$，其中 $2(N-1) \geq 4$。若欧拉的命题成立，则偶数 $2N$ 可以写成两个素数之和，于是奇数 $2N + 1$ 可以写成3个素数之和。从而，对于大于5的奇数，哥德巴赫的猜想成立。

但是哥德巴赫的命题成立并不能保证欧拉命题的成立。因而欧拉的命题比哥德巴赫的命题要求更高。现在通常把这两个命题统称为哥德巴赫猜想。

欧拉和哥德巴赫在有生之年都没有将这个猜想证明出来。在1900年，伟大的数学家希尔伯特在世界数学家大会上作了一篇报告，提出了23个挑战性的问题，哥德巴赫猜想就是其一。

200多年来，这个哥德巴赫猜想之谜吸引了众多的数学家，从而使它成为"世界数学界一大悬案"。

讲到这里，沈元老师还打了一个有趣的比喻："数学是自然科学皇后，'哥德巴赫猜想'则是皇后王冠上的明珠！"

这引人入胜的故事给陈景润留下了深刻的印象，"哥德巴赫猜想"像磁石一般深深地吸引着陈景润。

1953年，陈景润毕业于厦门大学数学系，作为优秀的毕业生，他被分配到了北京最好的中学——北京四中教书。这位养成了离群习惯的大学毕业生，一到这些活泼可爱的学生当中，简直无法应付。在京一年内他病了6次，住了3次院。

没有办法，陈景润只好回家，后来迫于生计，他办起了报摊，为了躲避工商税务的检查，他还突发奇想将厦门大学的毕业证书当作执照摆在书摊最显眼的地方。

他的这个举动为报摊招揽了很多的生意，同时也招来了厦门大学的校长王亚楠，看见自己学校的高才生在这里办报摊，实在是大材小用，于是把他"捡回"厦门大学，让他当了一名图书馆的资料员。

陈景润每天除了整理图书资料外，还担负着为数学系学生批改作业的工作，尽管时间紧张、工作繁忙，他仍然坚持不懈地钻研数学科学。那时候，陈景润对数论有着浓厚的兴趣，他利用一切可以利用的时间系统地阅读了华罗庚的《堆垒素数论》。

这本《堆垒素数论》陈景润一共拜读了20多遍，重要的章节阅读过40遍以上。在这期间，陈景润还按照自己的思路演算。

在长期的刻苦钻研之下，他发现《堆垒素数论》中的"塔内问题"似乎还有可以改进的地方，于是他就根据自己的看法，写了以"塔内问题"为题的论文。

陈景润怀着兴奋、惶恐的心情，将论文呈给李文清教授过目。在这篇论文中，陈景润不但提出了"塔内问题"可以改进的地方，而且还提出了具体改进的意见。

李教授看完这篇论文非常欣赏，把它寄到了北京，1956年，转到了华罗庚的身边。

《堆垒素数论》问世以后，国内外数学家对其推崇备至，从来没有谁提出还有需要商讨的地方，想不到一名大学图书管理员竟提出"有的地方似乎值得改进"的意见。

华罗庚的得意门生王元先仔细研究了这篇论文，随后他找到华罗庚，说道："华老师，这篇'塔内问题'虽然文章写得很乱，但里面的论证是对的。陈景润利用高次多项式对应的三角和的中值公式，处理低次多项式对应的三角和的中值公式。对苏联科学院研究所所长维诺格拉多夫和您的两种不同方法结合运用得很好。"说完，就把论文交给了华罗庚。

华罗庚听了王元的汇报，高兴极了，他认真地看了陈景润对他的著作提出的改进意见，边看边点头。

看完后，他问道："有谁知道这个陈景润是干什么的？"

"据说大学刚毕业，在图书馆里工作。"有一位学生回答道。

"后生可畏啊！他很有想法！很有培养前途！"说完，华罗庚又看了看在座的人，批评道："你看看你们，每天都在我的身边，怎么就不知道给我的书提点意见呢？"

说到这，他又面露微笑地说："倒是这个千里之外的小伙子，竟然把我的书读得那么透。"

在座的学生听了，越发钦佩华罗庚虚怀若谷的精神，也对自己的学习不认真感到很惭愧。

华罗庚和当年的熊庆来一样求才心切，思贤若渴，希望尽快地见到这个年轻人。

他吩咐王元："给陈景润发个请帖，就说我请他作为特邀代表，到北京来参加数学讨论会，请他到会作报告。"

华罗庚的好友赛尔伯格曾经说过："要是华罗庚像他的许多同胞那样，在第二次世界大战之后仍然留在美国的话，毫无疑问，他会对数学作出更多的贡献。另一方面，我认为，他回国对中国是十分重要的，很难想象，如果他不曾回国，中国的数学会是什么样。"

中国的数学会是什么样，现在已无法猜测，但是有一点是可以肯定的，华罗庚如果不曾回国，陈景润的命运和遭遇必定与现在不同。

1956年，陈景润应邀来到了北京，华罗庚约他在北京西苑饭店的会客室见面。

这次见面由于时间关系两个人只是随便聊了两句，华罗庚对陈景润的论文"塔内问题"给予了肯定，同时告诉陈景润，明天的大会上会让他作报告，让他好好准备一下。

虽说华罗庚已经提前通知陈景润让他做好准备，但是在大会上，不善言辞的陈景润还是出了丑。陈景润站在讲台上，看见台下坐着30多位自己的前辈、老师，心情更加窘迫，他一时不知如何是好。

他在黑板上写了题目，磕磕巴巴地讲了几句，然后又转到黑板上写了起来，写了几句，转过身刚想说话，可是只说了一个"我"字，就卡住了，没办法又转过身在黑板上写了起来。

就这样反反复复几次，台下的听众开始小声地议论起来了。看到这种情景，华罗庚二话没说登上台，对大家说道："陈景润普通话说得不好，怕大家听不明白，现在我替他介绍。"

讲完以后，华罗庚还做了评论性的发言，高度评价了陈景润的成果。作为"听众"的陈景润，被华罗庚这种长者的风范深深地感动，眼泪差点夺眶而出。

通过这几天的短暂接触，华罗庚对陈景润有了初步的了解，他认为这个青年人勤奋好学，具有极高的数学天赋，当然了，这个年轻人身上的缺点也不少，但是那些在华罗庚的眼里已经微不足道了。

在会后，华罗庚亲切地问陈景润："如果你愿意的话，我想和你们学校商量商量，把你调到北京来工作。"

1957年，在华罗庚的积极努力下，中国科学院数学研究所致函厦门大学，要求商调陈景润到数学所工作。

由于陈景润在厦门大学数学系的工作无人接替，厦门大学暂不同意放人。

1957年3月，华罗庚委托陆启铿利用参加厦大校庆科学研讨会的

机会,再一次与厦门大学商榷调动陈景润的事宜。1957年9月,在华罗庚的直接关心下,陈景润终于调到了中国科学院数学所工作。

陈景润回忆在中科院工作的日子时说:

"我从一个学校图书资料室的狭小天地走出来,突然置身于全国名家、高手云集的专门研究机构,眼界大开,如鱼得水。

"在数学所党委的直接领导下,在华罗庚教授的亲切指导和帮助下,我在这里充分领略了当时世界上最先进的数论研究成果,使我耳目一新。当时数学所多次举行数论讨论,经过一番苦战,我先后写出了华林问题、圆内整点问题等多篇论文。

"这些成果也凝结着华老的心血,他为我操了不少心,并亲自为我修改论文。我每前进一步都是同华老的帮助和指导分不开的。正是华老的教导和熏陶,激励我逐步地走到解析数论前沿的。他是培养我成长的恩师。"

陈景润到了数学研究所后,最令他感兴趣的是以哥德巴赫猜想为中心的数论讨论班。中学时代沈元老师讲的那些关于哥德巴赫猜想的问题,早就在他的心底扎下了根,现在终于能够接触这方面最先进的知识了,陈景润决定向哥德巴赫猜想进军。

哥德巴赫猜想虽然早在1739年就提出来了,但是直至20世纪20年代,才有人敢开始向它发起挑战。1920年挪威数学家布朗用一种古老的筛选法证明,得出了一个结论:任何大于特定大偶数N的偶数,都可以表示为两个殆素数之和的形式,且这两个殆素数只拥有最多9个素因子。

所谓"殆素数"就是素数因子,包括相同的与不同的个数不超过某一固定常数的奇整数。例如,$15 = 3 \times 5$ 有2个素因子,$27 = 3 \times 3 \times 3$ 有3个素因子。

此结论被记为"9+9"。这种缩小包围圈的办法很管用,数学家们于是从"9+9"开始,逐步减少每个殆素数里所含素因子的个数,直至使每个殆素数都是奇素数为止。

1930年，苏联数学家希尼列尔曼解决了较弱的哥德巴赫猜想，即：每个正整数都是不超过S个素数之和，此处S为一个常数；1937年，苏联数学家维诺格拉多夫基本上证明了关于奇数的哥德巴赫猜想，即：充分大的奇数都是3个奇素数之和。

早在20世纪30年代，华罗庚就研究过哥德巴赫问题，在1938年，他证明过："几乎所有的偶数都是两个奇素数之和"，即：关于偶数的哥德巴赫猜想，对于绝大多数偶数都成立。

至1957年世界上关于哥德巴赫猜想最先进的理论是王元证明的"3+3"和"2+3"。

陈景润确定了自己的目标以后，就开始了脚踏实地的研究工作。

每天天不亮陈景润就夹着书本，起身到图书馆，他在这里一待就是一整天。除了偶尔喝口水，啃几口干馒头外，就是不停地阅读、思考和演算。数学被很多人认为是一门枯燥乏味的学科，但陈景润在数学的王国里却找到了快乐的天堂，乐而忘返。

陈景润对数学的痴迷已经到了忘乎所以的地步。有一次，他吃完中午饭，摸摸脑袋，发现头发太长了，心想："应该快去理一理，要不，别人看见了，还当我是个姑娘呢。"

于是，他放下饭碗，就跑到理发店去了。理发店里人很多，大家挨着次序理发。陈景润拿的牌子是38号。

他看了看这个牌子，又看了看外边的天色，心想："轮到我还早着哩。时间是多么宝贵啊，我可不能白白浪费掉。"

他边想边走出了理发店，找了个安静的地方坐下来，然后从口袋里掏出个小本子，凭着上边的笔记开始演算了起来。

突然他卡住了，原来有个地方的笔记因为当时笔没墨水了，所以写得不是很清楚。陈景润是那种较真的人，看到不清楚的东西，他是一定要弄清楚的。于是他起身就往图书馆的方向走去，边走边想：

"我回去查书弄清楚后再回来,还能赶得上理发呢。"

陈景润到了图书馆,就像鱼儿回到了大海,他在这里一待,立刻忘记了一切,眼睛里只有书,心里想的只有知识。

也不知道过了多久,陈景润才从书本中回过神来,他一拍脑门:"哟!还想着把这个问题弄清楚就走呢,谁知道一看上书就什么都忘记了,竟然又多看了好几个问题。"

想到这儿他急忙起身往理发店走去。等他到了理发店,人家早就打烊下班了。

陈景润摸了摸自己的头发,自言自语道:"全是你的错,害得我来回跑了两趟,浪费了那么多时间,结果还没有理成,看我回去怎么收拾你。"

陈景润回到他住的宿舍后,干脆自己拿起剪子,也不照镜子,就三下五除二地把头发剪短了。

第二天,大家看见陈景润那参差不齐的头发时,全都"哈哈"大笑了起来。

除了为了读书忘记理发外,陈景润还多次因为看书太入神,而被关在图书馆里。甚至有一次,他边走边读,竟然撞到了电线杆上,他不仅没有反省自己,反而头也不抬地埋怨道:"谁啊,也不看着路,竟然撞我!"

平时,陈景润那副如醉如痴的样子,一般人见了很不理解,诸如上面描绘的笑话传开以后,人们都不明缘由地怪罪起华罗庚来。说:"那么多人向华教授推荐人才他不要,他自己偏偏看中了这个陈景润,这陈景润到底有哪儿好,他典型就是一个怪人!"

陈景润听到大家对他的议论后,找到华罗庚说:"我想回厦大!"

华罗庚不解地看了看陈景润,问道:"这里有什么不好吗?"

"没有,这里一切都非常好,但是我还是想回去。"

听了这话,华罗庚更加不解了。

这时，华罗庚妻子吴筱元插嘴道："景润，你是不是听到什么风言风语了？"

陈景润默不作声了。

华罗庚非常严肃地对陈景润说："那些话我也听到了，你不要理会别人怎么评价你，你只要搞你的学问。不管什么时候，你都不能停止数学研究。"

"华老师，我想离开这里，不是因为在意别人怎么说我，而是不能容忍别人那样说您。"

吴筱元听了这话，抢先说："景润，你想得太多了。你们华老师最在意的不是别人怎么说他，而是你听了别人的话后怎么去做。如果他真的在意别人的说法，那么你想想，你现在还会在北京吗？"

陈景润激动地说道："师母您说得对，如果华老师在意别人的看法，那么当初我给他写信提出我的不同观点时，他就会把我给封杀了，哪里还能让我上北京来呢！"

华罗庚欣慰地说："你明白就好！时间不早了，让你师母去做饭，今天就在我这里吃吧。"

看着这位像父亲一样的恩师，陈景润含着眼泪点了点头。

不久，华罗庚在一次大会上，把陈景润树立为"安、钻、迷"的代表，鼓励他搞科学研究的似痴若愚精神，号召年轻人向他学习。

不管人们对陈景润褒也好，贬也好，华罗庚都不改初衷，必要时便站出来保护他。1963 年，全所科技人员提职时，华罗庚顶住多方压力，极力赞成将陈景润从实习研究员提升为助理研究员。

事实证明，华罗庚的眼光没有错。1966 年，年仅 33 岁的陈景润在《科学通报》上发表《表达偶数为一个素数及一个不超过两个素数的乘积之和》，简称"1＋2"的论文，这成为哥德巴赫猜想研究上的里程碑。

1973 年，陈景润完成了对"1＋2"证明的修改。一天，他兴冲冲地走进了王元的办公室，将修改后的"1+2"证明递给王元，请他帮忙修改。

经过认真研究后，王元惊喜地发现，他的这位"师弟"，做出了超越前人的独创性成果，既超过了国内的水平，也超过了国际上的先进水平。

王元不愧是华罗庚的学生，看了陈景润的论文，他自豪地对别人说："咱们在数学领域里干了这么多年，真正领先的成果不是那么多。陈景润在这个问题上是下了功夫的，国内外解决哥德巴赫猜想的办法已经不多了，陈景润把'油水'都挤干了！陈景润的高度创造性与百折不挠的精神，值得我们很好地学习。"

除了研究结果领先外，王元还发现，陈景润在论证方法上也有突出的创造性，他以国际上通用的加权"筛法"为基础，成功地计算出了将偶数表为某种类型的一个素数与三个素数之积的和的表示法的上界，从而证明大偶数都可以表为一个素数及一个不超过两个素数的乘积之和。

很快，王元欣喜地向华罗庚报告了这件事，华罗庚也非常高兴，他说："过去陈景润似痴若愚地钻研，终于钻研出了成绩，你代我向他好好地祝贺一番。"

其实王元的心里清楚，陈景润在哥德巴赫猜想中取得的成就与华罗庚是分不开的，但是在这里，华罗庚除了真心的祝福外，没有一点报功的意思。

不久，陈景润的这篇"1+2"的论文在《中国科学》上发表了。论文全文发表后，在国际上引起了强烈反响。它就像一颗光彩夺目的明珠突然抛进了国际数学界。数学家们从世界各地迸发出一片赞叹声：

在数学研究所，华罗庚的一批学生，在解析数论方面做出了出色的成绩。近年来，那里所得到的杰出成果是陈景润的定理。这个定理，是当代在哥德巴赫猜想的研究方面最好的成果。

"陈氏定理"构成了筛法理论的光辉顶峰！

陈景润患腹膜结核症，长期低烧盗汗。华罗庚利用陈景润在国际上名声正旺的时机，于是向有关组织和中央领导人汇报，要求组织上对陈景润进行保护。

1973年4月25日凌晨3时，中国科学院负责人武衡亲自派人去把陈景润带到清华大学，向他传达了毛泽东、周恩来、邓小平、胡耀邦等党和国家领导人对他的关怀。几天之后，陈景润被送进医院养病。

等到陈景润的一切都安排妥当后，华罗庚才由衷地露出了微笑。

华罗庚除了给予陈景润学术上的指导和帮助外，还教会了他的学生如何对待困难和挫折，如何选择人生的道路。

20世纪70年代末至80年代初，陈景润两次出国访问、讲学。出于对老师的尊敬，每次出访之前他都要到华罗庚家道别、请教。

华罗庚曾当面对陈景润和陪同他前来的李尚杰说："景润的工作是新中国成立以来，我们在数学领域最好的成果。"

陈景润则谦虚地说："谢谢华老师，您过奖了，都是因为华老的栽培，我才有今天的成绩。"

坐在一边的华罗庚妻子忍不住插话说："景润是够用功的，刚才你没回来，等你的几分钟，他还拿出书来看呢。"

华罗庚赞许地看着学生，满意地点了点头。

有人曾经问华罗庚："你的学生当中你认为谁最令你感动？"

华罗庚回答道："我的学生的工作中，最使我感动的是'1+2'。"

陈景润走后，华罗庚妻子说道："'1+2'，可能让陈景润的声望在你之上，你亲手培养了一个对手，你不后悔吗？"

华罗庚听了这话笑了，说："怎么可能是对手呢，科学本身就是相互连贯的，只有踩着前人的肩膀才能够不断地前进。都是为科学，为了同一个目标，哪里能够说是对手呢？再说了，陈景润是我的学生，看见他有今天的成绩，我高兴还来不及呢，怎么会后悔！要说后悔，那就是后悔自己发现的人才还太少……"

华罗庚不光在工作和学习中给自己的弟子以帮助，在生活上，对自己的弟子也是关爱有加。

当得知陈景润患帕金森氏综合征时，华罗庚十分难过，他说："可不能让陈景润得这种无法工作下去的病呀！"

1985年，华罗庚在出访日本前，亲自到中日友好医院去探视正在住院治疗的陈景润，并对他说："中日友好医院神经科王国湘主任检查我也可能患有帕金森氏综合征，等我回国后，咱们都在这儿住院。"

谁知，这一面竟成了这师生两人的诀别。

当华罗庚去世的消息传来，抱病的陈景润万分悲痛，泣不成声，他嘴里不停地念叨："华老走了，支持我、爱护我的恩师走了。"

1985年6月21日，在八宝山革命公墓举行了华罗庚骨灰安放仪式。此时，陈景润已是久病缠身，既不能自主行走又不能站立。

数学所的领导和同事们都劝陈景润不要去了，但陈景润说："华老如同我的父母，恩重如山，我一定要去见老师最后一面。"

在他的坚持下，家人帮他穿衣、穿袜、穿鞋，由别人把他背下楼去。到了八宝山，大家建议陈景润先坐在车里，等仪式结束以后再扶他到华罗庚的遗像骨灰盒前鞠躬致敬，但他坚持要和大家一样站在礼堂里。

因参加仪式的人太多，大家怕他摔倒，只好由3个人一左一右架着胳臂，后边一个人支撑着。就是这样，陈景润一直坚持到华罗庚骨灰安放仪式结束。追悼会开了整整 40 分钟，他就硬撑着站了 40 分钟，40 分钟里他一直在哭，在流泪。

陈景润对自己的恩师评价很高，他说："我的导师华罗庚是一位了不起的数学家。作为人，他的人格非常高尚，他对自己弟子们的关爱，可以说是无微不至。没有华老师精神上的鼓励和学术上的指导，我也不可能取得今天的成果。而他自己在数论研究方面取得的丰硕成果更是我们数学界的楷模。我不知道这一辈子怎么报答华老师。"

华罗庚用他辛勤的汗水和高尚的人格，为我国数学界培养出了不少出类拔萃的人才，其中最出色的有：代数方面成就最大的是万哲先；在函数论方面有创造的是陆启铿；在数论方面有重要贡献的有王元、陈景润等。

在半个世纪中，我国数学界受华罗庚教益的，早期有他的合作者段学复、闵嗣鹤、樊畿、徐贤修等人。

新中国成立后，受华罗庚直接教育、培养而后在国际数学界享有盛名的人就更多了，除陈景润、王元、陆启铿之外，还有越民义、裴定一、万哲先、龚升、许孔时、吴方、魏道政、严士健、潘承洞、钟家庆、孙继广、冯克勤、陆洪文、那吉生、徐伟宣等。为国民经济建设从事数学普及工作的得力助手有陈德泉、计雷、李志杰等人。

华罗庚没有愧对毛泽东的嘱托，没有愧对人民对他的信任。

计算机界的功勋

众所周知，华罗庚是一位伟大的数学家，但是可能有很多人还不知道，对于中国计算机事业的诞生，华罗庚还是一位奠基人和主要的创始人。

早在1947年，华罗庚在美国普林斯顿大学担任客座讲师的时候，就与被后人称作"计算机之父"的约翰·冯·诺依曼相识。

冯·诺依曼是美籍匈牙利人，1903年生于匈牙利的一个银行家的家庭。鉴于冯·诺依曼在发明电子计算机中起到了关键性作用，他被西方人誉为"计算机之父"。除此之外，他在经济学、物理、化学方面也有相当的造诣，被人们称为"20世纪最伟大的全才之一"。

现在一般认为ENIAC机是世界上的第一台电子计算机，不过，ENIAC机本身存在两大缺点：一是没有存储器；二是它用布线接板进行控制，甚至要搭接几天，计算速度也就被这一工作抵消了。

1944年，冯·诺依曼正在参加原子弹的研制工作，该工作涉及极为困难的计算。为此，冯·诺依曼所在的阿拉莫斯实验室聘用了100多名计算员，利用台式计算机从早到晚计算，可还是远远不能满足需要，那无穷无尽的数字和逻辑指令如同沙漠一样把人的智慧和精力吸尽。

被计算机所困扰的冯·诺依曼在一次极为偶然的机会中知道了ENIAC机的研制计划，从此他投身到计算机研制这一宏伟的事业中。

1945年，在冯·诺依曼的带领下，ENIAC机研制小组发表了一个全新的EDVAC方案，即存储程序通用电子计算机方案。

EDVAC方案明确奠定了新机器由5部分组成，包括：运算器、逻辑控制装置、存储器、输入设备和输出设备,并描述了这5部分的职能和相互关系。

1946年7月至8月间,冯·诺依曼和戈尔德斯廷、勃克斯在EDVAC方案的基础上,为普林斯顿大学高级研究所研制IAS计算机时,提出了《电子计算机逻辑设计初探》的设计报告。由此,在全世界掀起了一股"计算机热"。

当时,冯·诺依曼对华罗庚在数学上的造诣和成就非常赞赏,他邀请华罗庚参观了他的实验室,并且和华罗庚讨论了许多相关的学术问题。

在那时,这位非常有远见的数学家,已经意识到计算机是科学发展新的生长点,并想着手进行计算机方面的研究。

华罗庚回国以后,仍念念不忘在中国要开展电子计算机的研究,而那时的新中国刚刚成立不久,很多人还不知道计算机为何物。华罗庚迎难而上,开始积极倡导和组织这方面的工作。

首先,要物色从事计算机研究的人选。在现在,这个问题简直太容易解决了,随便上哪所大学、哪个研究机构都能够找到几个计算机方面的专家。但是,在1952年,别说找这方面的专家,就是找稍微懂点计算机的人,都非常困难。

华罗庚绞尽脑汁,终于想到了一个人,那就是清华大学电机系电讯网络研究室的主任——闵乃大教授。

当时,正赶上全国高等学校院系调整,一些新院校成立的同时,一些旧院校被合并,还有一部分机构撤销,而闵乃大教授所在的清华大学电机系电讯网络研究室就在被撤销的行列中。

华罗庚认为闵乃大是电讯网络专家,而且他所在的部门已经被撤销,所以让他现在从事计算机研究是最佳方案。

因为同在清华,所以华罗庚和闵乃大很早就相识,当华罗庚把自己的想法和闵乃大说了以后,闵乃大有些犹豫,他说:"我在德国的时候，听说过计算机，据说那是个能够进行快速运算，而且计算极为精确的机器。但是我现在正在忙着写关于电讯网络方面的专著，我想目前我没时间去搞计算机方面的研究。"

听了闵乃大的婉言拒绝，华罗庚没有气馁，他说道："闵教授，我知道你在电讯网络方面的造诣很深，你写这方面的专著，对国家电讯网络的发展有很大的帮助，但是计算机的研制是一项迫在眉睫的任务，它的研制成功将使各行各业都如虎添翼。"

闵乃大有些犹豫，说道："让我再想一想吧。"

华罗庚看见闵乃大有些犹豫，也就不再勉强，而是说道："你先考虑一下，但是你要给我介绍几个研究计算机的人选。"

闵乃大听完笑着说："华教授您真是学数学的，方法一不行就用方法二。"

华罗庚听完这话也笑了："你比我熟悉你们那个领域的人，就当帮我一个忙好了。"

闵乃大沉思了一会儿，说道："我这里还真有两个人选。一个叫作夏培肃的女同志，她毕业于重庆南开中学，是中央大学工学院电机系的高才生，曾出国留学，获得了英国爱丁堡大学的博士学位。她刚回国不久，以后究竟从事哪方面的研究工作还没有决定。"

听完对夏培肃的介绍，华罗庚点了点头，又问："那另一个呢?"

"另一个叫作王传英，是我们电机系的高才生。"

华罗庚听完后，又向闵乃大分别要了夏培肃和王传英的地址，想对他们两人分别进行拜访。

夏培肃是受了华罗庚回国后所写的"致全体留学生的一封信"的感召而回国的，所以华罗庚的到访令她惊喜交加。当得知华罗庚来访的目的是邀请她参加电子计算机的研究时，夏培肃立刻点头答应了，并且说道："我在英国的时候就已经对计算机充满了好奇，没想到竟然有幸参加它的研制工作，而且是在华教授您的领导下，我真是太高兴了，我向您保证，我一定不会辜负您的期望的。"

同时夏培肃还帮助华罗庚说服了闵乃大和王传英参加计算机的研究。就这样，计算机研究最初的三人小组形成了。

1952年秋天的一个晚上，他们3个人到华罗庚家拜访。当时华罗庚住的地方就在清华园里面，数学研究所旁边。

当时那个房子是政府专门为华罗庚修建的，一栋平房。中间是客厅，客厅比较大，沙发上、所有的桌子和台子上面全是书和杂志期刊。

华罗庚热情地招待了他们3个人，对他们愿意参加计算机的研究表示非常高兴，又对他们讲了讲计算机的前景和重要性，最后向他们说了说目前所面临的困难。

华罗庚说："你们看见我这一屋子的书了吗？这些都是我认为可能记载了计算机方面资料的书。但是我查阅了一下，很令人失望，里面有关的资料非常少。现在国际上有关计算机的资料是保密的，特别是对咱们国家，这方面的资料更加封锁。资料是现在咱们面临的最大

的难题，你们有信心克服吗？"

夏培肃抢先回答："没关系，我们可以在外刊上去找，我可以动员我在英国的同学们帮我去找。"

闵乃大和王传英也纷纷表示：要干就要干好，要知难而进。

华罗庚看着这3个朝气蓬勃的年轻人，仿佛看到了新中国计算机的希望。

不久，华罗庚安排闵乃大、夏培肃和王传英从清华大学调入中国科学院数学研究所，并成立计算机研究小组。

随后，在华罗庚的带领下，他们不畏困难，从英文期刊中查找零散的有关计算机方面的文章，经过大半年的准备以后，终于初步搞出了研制电子计算机的技术资料。

夏培肃在回忆计算机开始发展的时候说：

> 那时候一切都从零开始，什么都没有！
>
> 那些数学所的人根本不知道电是什么东西，电线都害怕，怕触电。后来我们要做无线电实验，需要电表，结果就请他们采购员采购。他也不懂那些，结果买了一个电力方面用的电表，多少安培的那种，我们都觉得很可笑，因为我们用的都是毫安什么的，都是无线电用的电表。反正和他买的不是一回事情。完全是外行，所以很费劲，后来都是我们自己去买。
>
> 而且那时刚解放，很多东西都没有，有时候就在旧货摊上去收一点东西。

1954年，计算机研究小组从华罗庚任所长的中国科学院数学所转到了钱三强先生领导的物理所。这些并没有影响华罗庚对计算机研究的激情，他仍然像以前一样，积极地从事着计算机的研究工作。

1956年春，在周恩来的领导下，国家制定了我国科学12年的远景规划，其中计算机技术、半导体、电子学、自动化、喷气技术等被列为国家急需的紧要项目，同时指出应立即筹建其专门的研究机构，集中人力物力大干快上。

在党的方针政策指引下，华罗庚组织了一系列的报告会，对计算机技术进行规划。这次规划对我国计算机技术的发展具有重大的历史意义，它为我国计算机事业的起步确定了正确的原则，同时也提出了具体的、有力的指导思想。

作为计算机技术规划组组长，华罗庚在这次规划中发挥了很好的领导作用。规划组中有26名各方面的专家，另外还有担任顾问的苏联专家，他们在一些重大的问题上存在着分歧。

第一个问题是发展我国计算机技术，首先依靠苏联还是依靠我们自己。当时苏联认为中国研究计算机的条件还不成熟，最好选送一支队伍到苏联去学习，在苏联的帮助下研究计算机，连人带计算机一起带回来。

华罗庚听了大家讨论以后，最后统一思想："我们应该立足于国内，选送去的只是少数人，在国内可以比较快地培养更多的、大批的专家人员，所以在国内研究计算机，可以更好地建立起我们自己的计算机设计队伍、计算机工业生产队伍、计算机应用队伍和管理队伍。"

第二个问题是如何在国内开展计算机研究。当时有很多人主张：很多单位同时开展研究，遍地开花。后来，华罗庚综合大家的意见，提出了"先集中，后分散"这6个字，并得到了在场的大多数人的支持。这个意见成为制定规划的一个原则。

第三个问题是大力培养新生力量。华罗庚在规划过程中表现出的领导才能和正确、鲜明的立场，使得规划组的成员十分钦佩，领导部门征求对未来的计算机技术研究所所长的意见时，大家都一致推选华罗庚担任。

华罗庚在计算机技术研究所的筹备上花了很多时间和精力，他千方百计落实各方面的任务。1956 年 5 月 19 日，华罗庚主持召开了计算机技术研究所第一次筹备会议，根据他提出的"先集中，后分散"的原则，由中科院、总参三部、二机部、高校专家 14 人，组成了中国科学院计算机技术研究所筹备委员会。

筹备委员会由华罗庚任主任，何津、王正、阎沛霖任副主任。筹备委员会从此开始工作。

华罗庚不仅提出"先集中，后分散"的重要原则，集中了全国的计算机研究人员，保证了计算机技术研究机构的成功建立。他还为了计算机技术研究所大楼的建设煞费苦心，亲自审查和比较了多种设计方案。最后的图纸是他亲自拍板的，施工过程他也是紧抓不放，最终使计算所研究大楼如期完工。

在华罗庚的领导下，在计算机技术研究所内，开展了规划问题的研究，筹建了实验室和实验工厂，购买了仪器设备和资料，聘请了苏联专家。同时，他还协调了各个单位之间的关系，使研究所在筹备期间形成了团结奋进的良好局面。

此外，为了给计算机技术研究所扩充人力，华罗庚还动员中科院数学研究所里纯粹搞数学的专家改行，在他的号召下，冯康、许孔时、魏道政等自愿来到计算机技术研究所，成为我国软件行业的知名骨干和学科带头人，他们也有幸成为中国计算机发展的见证者。

1956 年，夏培肃完成了第一台电子计算机运算器和控制器的设计工作，同时编写了中国第一本电子计算机原理讲义。

1957 年，哈尔滨工业大学研制成功了中国第一台模拟式电子计算机。

华罗庚于同年 2 月到哈尔滨工业大学讲学，与计算机专业的青年教师及 651 班 30 多名学生座谈，给全校师生作了一次十分精彩的报告。他还参观了由这所大学研制的中国第一台模拟式电子计算机，并对计算机教研室的工作提出了具体建议。

临走之时，华罗庚为哈尔滨工业大学的学生题词：

聪明在于学习，天才由于积累。

651班的学生王惠通回忆，华罗庚先生和他们班同学座谈时，他讲计算机可以模仿人的大脑，给学生们留下了深刻的印象。

在接下来的岁月中，华罗庚时刻关注着计算机行业的发展。

1958年，中国第一台计算机——103型通用数字电子计算机研制成功，运行速度每秒1500次，标志着我国第一台电子计算机的诞生。

1959年，中国研制成功104型电子计算机，运算速度每秒1万次。

1960年，中国第一台大型通用电子计算机——107型通用电子数字计算机研制成功。

1963年，中国第一台大型晶体管电子计算机——109机研制成功。

1964年，我国第一台自行研制的119型大型数字计算机在中科院计算所诞生，其运算速度每秒5万次，内存容量4K。在该机上完成了我国第一颗氢弹研制的计算任务。

1965年，中科院计算所研制成功第一台大型晶体管计算机109乙机，之后推出109丙机，该机在"两弹"试验中发挥了重要作用。

1967年，新型晶体管大型通用数字计算机诞生。

1969年，北京大学承接研制百万次集成电路数字电子计算机——150机。

1970年，中国第一台具有多道程序分时操作系统和标准汇编语言的计算机研制成功。

1972年，每秒运算11万次的大型集成电路通用数字电子计算机研制成功。

1973年，中国第一台百万次集成电路电子计算机研制成功。

1974年，DJS-130、131、132、135、140、152、153等13个机型先后研制成功；运算速度达每秒100万次。

1976年，DJS-183、184、185、186、1804机研制成功。

1977年，中国第一台微型计算机DJS-050机研制成功。

1979年，中国研制成功每秒运算500万次的集成电路计算机——HDS-9，王选用中国第一台激光照排机排出样书。

1981年，中国研制成功的260机平均运算速度达到每秒100万次。

1983年，"银河Ⅰ号"巨型计算机研制成功，运算速度达每秒1亿次，这是我国高速计算机研制的一个重要里程碑。

在中国计算机行业蓬勃发展的时候，华罗庚永远离开了我们，但是这几十年的实物仍在，记忆犹存，它们点点滴滴体现了这位伟大科学家的远见和智慧。

推广优选法、统筹法

回国以后，华罗庚就像个永远不停止转动的陀螺，终日里忙忙碌碌。但是，他始终没有停止过一件事，那就是对数学不断地深入研究。

华罗庚在多复变函数论方面的研究，特别是典型域方面的研究，是他对数学的突出贡献之一。

早在1944年，华罗庚就指出：四大类典型域的研究，可以归化为矩阵几何的研究。也就是从那时起，华罗庚开始系统地建立了四类典型域上的解析函数的调和分析理论。

这些工作不仅有其函数论上的重要意义，而且对于齐性空间的理论，以及多复变自守函数理论等方面都是十分重要的。

他在这方面所引入的度量，被数学界称为华罗庚度量。

1955年，为了鼓励科学事业，国家特别建立了一项科学奖励制度。

1957年1月，华罗庚获得了国家科技奖项一等奖。他得奖的论文题目是：《多复变函数论典型域上的调和分析》。

1957年，华罗庚出版了60余万字的数学著作——《数论导引》。在这部著作中，华罗庚写进了大量的、未公开发表的研究结果，以及一些三角和方面的基本材料、华林问题和他利问题等。此书一出版，在数学界引起了轩然大波。

在《数论导引》这本书中，华罗庚由浅入深，深刻而广泛地介绍了古典数论与近代数论的基本内容和研究方法，并揭示了数学各分支与数论之间的深刻联系。

国际性数学杂志《数学评论》曾对这部书给予了高度评价："这是一本有价值的、重要的教科书，有点像哈代与拉伊特的《数论导引》，但在范围上已经越过了它。"

此书曾一度成为国内数学工作者学习数论的教材。大数学家丘成桐先生年少时也阅读过《数论导引》，对此书推崇备至。

但是，所有的这些成就都没有让华罗庚感到满足。

当他看到国家还处在一穷二白的阶段，人们的生活也只是刚能够解决温饱时，他问自己："数学到底是什么？如果数学不能够为人民服务，那么学它的意义还有吗？"

突然间，华罗庚的脑海里灵光一闪，他想起在第二次访问苏联的时候，有位苏联科学家和他说过的一句话：

"如果你们遇到了困难，可以在毛泽东的著作中去寻找解决的办法。"

对，到毛主席的著作中去找找！华罗庚立刻行动了起来。

当他看到毛泽东的《实践论》一书时，一种醍醐灌顶的感觉让他的眼前一亮，"原来我应该到生产实践中去，到群众中去，把技术送到人民群众的门口，在实践中寻找课题。"

1965年12月4日，华罗庚在《人民日报》上发表了这样一篇文章：

> 要不是毛泽东的《实践论》指引，我敢说，今天我一定是一个安于现状的人，在书斋里清茶一杯，淡巴菰一支，钻研自己所喜爱、所擅长的数学问题，管它四海震荡，五洲风雷，驾轻车、就熟道，每年写上若干篇学术论文，四海亦传颂其名字，安然自得，教教书，指导指导研究，把我所掌握的知识无保留地交给年轻一代，这样做，似乎可以无憾矣！但其真能无憾乎？不！

在当时的环境下，工农业生产的确需要大量的科学技术指导，新兴的中国工业基础落后，劳动者的文化素质相对较低。的确需要一大批学有所长的人到工农业生产实践中去指导他们。一些高深的研究对当时的现实来讲，一时发挥不出高效益来。

毛泽东的《实践论》让华罗庚的思想发生了转变，使他由一个纯粹的理论研究者转变成为一个理论实践者，使数学由一个单纯的课本知识变为指导千万人受益的实用科学。

但是，此时的华罗庚已经年近50岁。由于长年累月地进行数学研究，身体也得不到良好的休息和调养，他的体质变得越来越差，且体弱多病。

但是，为了能够把数学应用到真正的、实际的生产工作中，让数学充分发挥它应有的价值和作用，华罗庚经常拖着疲惫的身体，亲自走访许多工厂，并且深入到了农村的田间地头进行实地考察。

经过一段时间深入的调查和分析，华罗庚发现在很多地方工农业生产的管理相当落后，而在生产过程和产品的检验、机器的维修等方面也缺乏科学的管理思想。

"能不能把数学方法用在管理上呢？"有了这个想法之后，华罗庚就开始收集和阅读国外大量的相关资料，并从理论上进行了科学的计算。

最后，华罗庚决定用统筹学和优选学作为研究应用数学的起点。

关于统筹法和优选法，华罗庚是这样介绍的：

统筹法是进行科学管理的一个工具。

它对组成某一任务各个环节相互间如何衔接和安排，用一张由若干箭头连接起来的统筹图来表示。

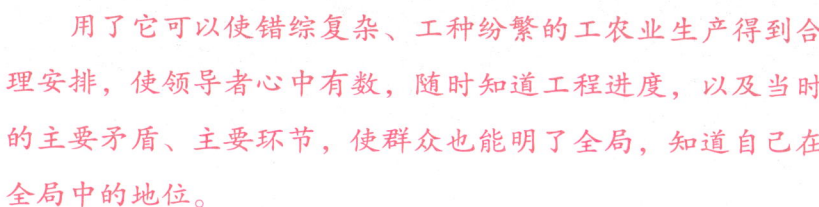

用了它可以使错综复杂、工种纷繁的工农业生产得到合理安排，使领导者心中有数，随时知道工程进度，以及当时的主要矛盾、主要环节，使群众也能明了全局，知道自己在全局中的地位。

这一方法宜小更宜大。小至一台机床的维修，一所房屋的建筑，一个火车站的运输调配，一个水利工程的兴修，大至大庆油田开发新油区的万人千台机的大战役。现在，涉及铁路局、钢厂、铁厂、矿区的联合统筹例子也已出现。

优选法是什么？一项产品的质量及数量，都和每一道工序的操作情况有关，而每一工序的操作又和各种参数有关，如温度多高、压力多大、用碱量多少、电力强弱等。

优选法可以选择合理的参数，以达到优质、高产、低消耗。

譬如，在一起动力和化工生产中，我们经常遇到风门越开越大，酸碱越用越多等不科学的做法，这不但浪费资源，增加污染，而且往往造成低产、劣质、高消耗。

特别是料比配方、操作条件、仪器测试都少不了要用优选法，用了它不仅可以找到好方案，而且可以用最少的实验，更快地有保证找到好办法。

有了应用数学的起点——统筹学和优选学，不能把它们仅仅写出来，而是要把它们用在实处，有了这个想法后，华罗庚就开始行动了。

于是，华罗庚便一个人来到了北京郊区的农村。

这时候正是麦子即将成熟的季节，华罗庚站在田头，望着那滚滚的麦浪，赋诗道：

> 向在城市里，今来大地边。
> 东风勤拂拭，绿满万顷田。
> 规划处处用，数学入田间。
> 移植谁之力，靠党非靠天。

然后，华罗庚围着整个麦场走了一遭又一遭，同时在心中不停地盘算着，怎么能够应用优选法设计出最合理的打麦场，从而节省人力和物力。

华罗庚去了一次，但是没有想出合适的办法。紧接着，他又去了第二次，第二次没有想出来，又去第三次……他不辞劳苦地跑了一趟又一趟。最后，他终于找到了令自己最满意的方法：

即把打麦场的位置定在使沿每一条道路运送的麦子的数量小于总量的一半处。

当麦子收割的时候，华罗庚亲自来到了现场，帮助当地的农民确定了打麦场的位置。

农民们应用了华罗庚指定的办法，效果非常好。本来需要两天才能干完的活，人们只用一天半时间就完成了。

大家高兴地把华罗庚围在了田中央，不住地称赞他真是当之无愧的科学家。

华罗庚的心情也非常激动，这是他的优选法的第一次尝试，没想到首战即告捷，他对未来更加充满了信心。

同时在老乡那淳朴的话语中，华罗庚明白了：在平常人的心目中，只有为他们干了实事的科学家，才是真正的科学家。从而更加坚定了他为人民服务的思想。

在1960年的《人民日报》上，华罗庚陆续发表了"数学的用场五则"，即"怎样计算面积""怎样开木材料做成横梁""算水库容积""斜坡面积怎样算"和"怎样预估产量"等。

1958 年，兼任中国科技大学副校长兼数学系主任的华罗庚，有一天，他正在给中国科技大学数学系的同学们上课时，谈到了优选法和统筹法。他介绍完这两种方法后，说道：

凡是出现"量"的学科部门中就少不了要用数学。研究量的关系、量的变化、量的变化的关系、量的关系的变化等现象都是少不了数学的，所以数学贯穿到一切科学部门深处，而且成为它们的得力助手和工具，缺少了它就不能确切地刻画出客观事物的变化；更不能由已知的数据推出其他的数据，因而就减少了科学预见的可能性，或者减弱了科学预见的精确度。

这些众所周知的事实，可以在原则上说明数学应用的广泛性和深刻性的道理。

优选法和统筹法是把数学应用到实际当中的方法。

但是，这些方法在理论上能否站得住脚？在实践中是否适用？能否创造出一些适合我国特点的更有效的方法，这一连串的问题，都没有现成的答案，都需要我们认真地进行深入的研究。

接着他环顾一下在座的学生，深沉地说道：

"同学们，现在我们的国家还很穷，科学还没有得到普及，很多的生产、劳动都存在着这样那样的问题，因此我想走出去，走到广大劳动人民之中，试试能不能用优选法和统筹法促进生产发展，促进工作效率的提高。"

他顿了顿，用一种激昂的声音问道：

"同学们，你们当中有谁，愿跟我一起去吗？"

华罗庚的声音刚落，同学们纷纷举手响应。

"我愿意!"

"我也愿意!"

……

看着同学们踊跃地报名,华罗庚的信心更足了。

下课以后,共有 20 多名学生给数学系党支部打了书面报告,表示不想关在房子里闭门作论文,愿意跟随华罗庚教授到工厂里去学习用数学的方法解决实际问题。

其中有两名学生的态度最坚决,一名叫陈德泉,另一名叫计雷。从此这两个人成了华罗庚的左膀右臂,与他一起上山下厂,形影不离,后来他们两个在数学理论和工农业生产相结合的道路上都取得了可喜的成绩。

几天后,华罗庚率领着这支朝气蓬勃的、推广优选法和统筹法的"小分队",开始了长达 20 年的实践与理论相结合的历程。

组建普及小分队

华罗庚是举世闻名的大数学家，但是这并不代表他做的每一件事情都能够成功。在刚开始推行"两法"的时候，华罗庚带领大家到了北京电子管厂，一住就是大半年，可是这大半年里，取得的成效甚微。

当时学术界流传着两条鞭子的说法：一种是拿着理论的鞭子打应用，另一种是拿着应用的鞭子打理论。华罗庚曾多次批评这些举着鞭子的人都是既不懂理论也不懂应用的人。

华罗庚在电子管厂的第一枪没有打响，这些举着鞭子的人联合了起来，将矛头全指向了华罗庚。

有的说他："好好的理论研究不去搞，偏要去下工厂上车间，这样是沽名钓誉，哗众取宠。"

有的说他："理论知识知道的不少，但是该实干了却是'丈二和尚摸不着头脑'。"

华罗庚听到大家的议论并没有气馁，而是静下心仔细地查找自己的失误之处。后来他发现自己缺乏解决中国实际问题的经验，思想上还不够解放。

华罗庚鼓起勇气，给毛泽东寄去了一封信，信的大意就是下决心，走出象牙塔，把学到的知识应用于实践，为社会为经济建设服务。

毛泽东在1964年3月18日回了信："壮志凌云，可喜可贺。"短短8个字坚定了华罗庚的想法，让其深受鼓舞。从此，他有了一种当仁不让的气魄，以饱满的热情投入到了实践中。

1965年3月，华罗庚经过长时间思考、提炼、凝缩的《统筹方法平话》初稿在中国科学技术大学油印。6月5日，全文登载在《人民日报》上。

华罗庚就"如何才能使群众掌握这种数学方法"说：

开始时，我们虽然下去了，但和工农群众缺少共同的语言。为了解决这个问题，"平话"的方式出现了。

平话者平常讲话之意也。不用"洋腔"，也不用"学究腔"，而是把理论上站得住脚的、群众能广泛用得上的对生产能立即见效的方法，用通俗易懂的语言表达出来，并且通过试点先是一个一个项目，再是一个一个车间进行试验，证明工人能懂，会用，见成效，然后逐步推广。"平话"起了很好的媒介作用。

1965年4月，华罗庚接受国家科委张有萱、彭敏两位副主任的建议和邀请，在艾提、沈国钧、王柱三人陪同下，以人大常委的身份去西南三线铁路建设隧道工地前沿视察，并讲授统筹方法。在安顺场铁建指挥部还举办了第一个"三结合"的培训班。

回来之后，有件事一直在华罗庚的脑海里盘旋着，挥之不去。

那是一个部队在进行爆破任务的过程中，当他们在掌子面上点燃最后一个雷管的时候，发现引线潮了。班长一面下令大家快快退出现场，一面剪短引线。这时候，一名小战士冲了上去，把引线再次点燃。

这次爆炸成功了。但是班长和那名战士没来得及躲闪，壮烈牺牲了。

华罗庚他们一行人恰巧赶上了那两名战士的追悼会。华罗庚在被那英雄的壮举深深地感动的同时，不得不进一步思考这两个年轻人的死因。

他们追求的是什么？算一算：上级规定的爆破成功率为95%，也就是爆破100次只允许有5次不成功。爆破100次要用2200个雷管，如果其中有5个废品，那就不能完成任务。因此雷管的废品率不能超过 5/2200 = 0.227%。从这点来讲，两名战士牺牲性命换得了废品率不超过2‰。

用一个个鲜活的生命去验证雷管的质量是不是代价太高了些呢？用什么办法才能解决这个问题呢？数学，解决这个问题的办法是数学！只有用科学的办法合理地抽样检验，才能够既避免浪费又能够解决生产的漏洞。

华罗庚觉得自己肩上的担子又重了，但这是自己的责任，是自己的义务，是必须完成的使命。

1965年7月，毛泽东再次亲笔写信给华罗庚，信上写道：

> 你现在奋发有为，不为个人，而为人民服务，十分欢迎。听到你到西南视察，并讲学，大有收获，极为庆幸。

从此以后，华罗庚越发坚信自己开始注重应用数学的研究推广是对的，在学术上做这样的战略转移是完全正确的。他觉得自己比以前任何时候都充实得多了，开始觉得这样才无愧于应用科学家的称号。

11月，华罗庚再次去了西南。先后在成昆线北段、重庆、成都、昆明等地推广统筹方法。

华罗庚每到一个地方都会受到那里群众的热烈欢迎，因为他们知道，华罗庚的到来代表了他们的工作效率会有提高，劳动强度能够减弱……

华罗庚一改往日在大学课堂里的那种温文尔雅的风姿，而是用通俗易懂的比喻讲解道："事实上，统筹法在日常生活中就有很多应用。

譬如，早晨起来煮牛奶喝，火已经生了，牛奶也拿来了，大家说应该怎样安排省时间？"

这时，大家都跃跃欲试，但是在大数学家面前，岂敢班门弄斧，大家又默不作声。

华罗庚接着说："我现提供两种办法，第一种办法是先洗好锅，便煮奶，此时一边刷牙、洗脸，一边在旁边等候，等奶煮好了，便可享用。第二种办法是先刷牙、洗脸，等这些做完了，再洗锅、煮奶，等候奶煮好。哪一种办法省时间？"

大家不约而同地说道："第一种办法省时间。"

华罗庚满意地点点头，接着问道："大家想一想，能不能把第一种办法再改进一下，让它变得更有效呢？"

大家立刻安静了下来，目不转睛地盯着华罗庚，等待着这位大师的新招。

华罗庚说道："咱们按着第一种办法，牛奶煮好了，太热，需要再放上一会儿，晾凉点再喝。我们可以趁着这个机会去准备上班用的物品，当一切都收拾妥当后，奶也凉了。我们喝完奶后，就可以高高兴兴地上班了。"

这时，大家才松了一口气，并小声议论着："华教授真了不起，这些琐碎的事情也能安排得井井有条。"

"那当然了，要不他怎么能够取得那么大的成绩呢！"

华罗庚说："大家都听说过这样一句话吧，'时间就像海绵里的

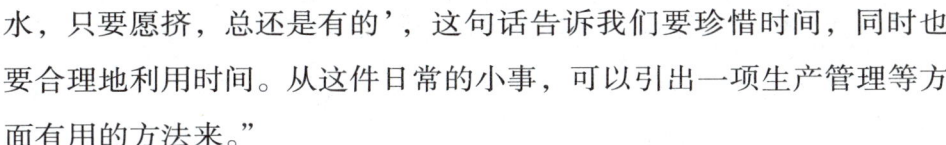

水,只要愿挤,总还是有的',这句话告诉我们要珍惜时间,同时也要合理地利用时间。从这件日常的小事,可以引出一项生产管理等方面有用的方法来。"

接着华罗庚便将第一种方法编汇成"箭头程序图"挂在提前安置好的黑板上,由此而引申到运用统筹法去解决生产流程、工程建设、运输调度、矿产采掘中的许多实际问题。

这次报告讲了将近3个小时,华罗庚始终保持着饱满的热情,没有丝毫倦意。讲完了,他又耐心地询问大家的看法,一一回答大家提出的问题。

会后,大家组成了统筹施工战斗组和统筹运输战斗组。而华罗庚带来的那些学生,也根据自己的专长纷纷加入了进去,大家热火朝天地干了起来。

当时西南的环境很恶劣,这里所谓的路,就是人们在悬崖峭壁陡直的山腰里挖凿的槽,汽车行驶在上面,如同走钢丝,稍不小心,掉下去就会粉身碎骨。

除了出行危险外,这里的生活条件与北京比起来也是天壤之别。就拿上厕所来说,华罗庚他们居住在帐篷里,上厕所只能在倾斜的山坡上就地解决。而华罗庚的腿有病,不能下蹲,在山坡上方便时都必须有人拉住他,其中的辛苦真是不足为外人道也。

有的人不理解地说道:"华罗庚这么大的数学家不在北京享福到这穷乡僻壤吃苦受罪,图啥呀?"

"听说他就这个脾气,年轻的时候放着美国的洋楼不要,非得回国受罪。"

"这呀,全是因为他想为国家多出点力啊。"

"还出力呢。我听说上次在山道上汽车走着走着突然来了个急刹车,差一点就要连车带人一起掉入万丈深渊了。当时华教授还在给人讲统筹学,愣是不知道刚才已经上鬼门关走了一回了。"

"真的啊,多危险啊!那他还敢在这里待着啊?"

"当时有人问他害不害怕,你猜他说什么?"

大家都被这个说话的人吸引住了,急着问:"快说,他说什么了?"

"华教授沉吟了一会儿,微微一笑说:'这要是在北京的话,我害怕,我会觉得非常危险。现在和工人同志们在一起,看到他们,我就觉得我们的贡献太少了,所以也就不害怕了。'"

听了这话,在场的人都被华罗庚的这种大无畏的精神深深感动了。

不知道谁带头喊了一句:"走啊,哥儿几个,华教授为了咱们连死都不怕,咱们还在这里歇着实在是说不过去了。"

大家一窝蜂地奔向了工地,卖力地干了起来。

就在这样艰难的条件下,华罗庚身先士卒,带领大家走遍了一个个地方,解决了一个个难题。

当华罗庚一行人圆满地完成任务回到北京时,到站迎接的人几乎都不认识他们了,有人笑着说:"哪里来的一群非洲人啊?"

同学们听到这样的比喻不仅不生气而且充满了自豪,因为在西南的奔波劳碌虽然使他们变得又黑又瘦,但是因为他们的工作使铁路的施工进度大大加快了,为国家节约了大量资金,变相地为国家创造了大量利润。

1966年,华罗庚带领中国科技大学的王柱、计雷、徐森林等在南京各高校,特别是南京师院数学系师生的积极参加、配合下,江苏省南京市、无锡市等地组成了许多"普及小分队"推广统筹法,活跃在大江南北。

他们同心协力为祖国的富强、国民经济的提高服务,取得了显著的效益,同时培养了一支出色的科技队伍。

迎难而上讲"双法"

1970年4月的一天清晨，华罗庚拄着拐杖兴冲冲地跑到计雷家，他一边敲门，一边喊：

"计雷！计雷！快，快，我们去陈德泉家。"

计雷打开门，看见华罗庚一脸兴奋地站在门口，他睡眼惺忪地问道：

"这么早您怎么来了？有事您叫我们过去不就得了。"

华罗庚催促道：

"快点收拾一下，我们去陈德泉家，上面指示我们要为国务院各部委负责人作统筹报告。"

计雷听到这个消息，睡意顿时全无，他急忙进屋收拾了一下，就和华罗庚一起去了陈德泉家。

一边走，两个人一边兴奋地交谈着。

计雷说：

"终于我们又有了用武之地了。"

华罗庚笑着说：

"是啊，这次的报告如果得到了那些负责人的认可，我们的统筹法就能够更加深入到实践中了。"

计雷顽皮地和华罗庚说："让我们加油！"接着他做了个"加油"的手势。

华罗庚看后，爽朗地笑了，学着计雷的姿势也做了个"加油"的动作。

接着华罗庚郑重地说：

"如果这次报告成功，我们可能会到祖国的各地去，那时不仅有离开家人的思念，还有身处异地的艰辛，这些你都能够承受吗？"

计雷坚定地说：

"我不怕，跟您在一起，我觉得自己浑身都是力气，您就是我的榜样。"

"我这个榜样可决定这样奔波一辈子，难道你也跟我一辈子？你和我不一样，你的孩子还小，父母也需要你照顾。"

计雷听见华罗庚这关心的话语，心情更加激动，他说道：

"我的家人需要我在身边照顾，但是您都这么大的年纪了，还在生产的第一线奔波，我有什么理由为了自己的小家而放弃呢？"

华罗庚拍了拍计雷的肩膀，肯定地点了点头，竖起了大拇指。

1970年4月20日，华罗庚在国务院各部委负责人会议上介绍了统筹法和优选法。他的报告引起了强烈的反响，像他所料的那样，各部长纷纷邀请他去自己的单位搞试点。

不久，华罗庚接到上海炼油厂的来信，邀请他前去帮助解决该厂的一个炼油塔的改建、扩建工程，要把旧的设备拆掉，改建一个新的，要求停产时间越短越好。

这时的华罗庚已经61岁了，但他仍然神采奕奕，精神十足，他兴奋地对两名学生说：

"终于又能够到群众中去了，咱们又有大展拳脚的地方了。"

计雷和陈德泉也非常高兴，他俩摩拳擦掌地说：

"这次到上海，一定要大干一场，把过去几年失去的时间找回来！"

看着这两名和自己始终并肩作战的弟子，华罗庚感到由衷的欣慰，对这次上海之行也充满了信心。

当华罗庚三人下了飞机后，负责接待他们的人说：

"华教授，实在对不起啊，我们领导出差了，最近不在厂里，你们先在宾馆里等几天，等领导回来，我们立刻安排你们进厂。"

华罗庚问道：

"难道一定要你们领导批准才能进厂吗？别人批准不行吗？"

"实在不好意思，您也知道我们厂子的重要性，没有领导的批准，谁也做不了主的。"

听了这话，华罗庚他们只好无奈地住进宾馆，等候消息。

7月的上海骄阳似火，旅馆濒临黄浦江的窗子大开着，仍然透不进一丝清凉的风。华罗庚焦急地在房间里等候着去工厂的消息。

到了傍晚时分，满头大汗的计雷和陈德泉垂头丧气地走了进来。

华罗庚忙问："怎么样了？去工厂的事情有眉目了吗？"

计雷摇摇头，说道："还要再等两天。"

听了这话，华罗庚失望地一头躺在了床上，连晚饭也不吃了。

陈德泉小声和计雷说："你看华老师这两天都急出痱子来了，他这么大的年纪，天气又这么热，我真担心这样下去他会吃不消的。"

计雷点点头，说："咱们再想想别的办法吧！"

华罗庚虽然躺在床上，但哪里睡得着，他在盘算着：

这样耽搁下去，任务完不成不要紧，最重要的是国家会因此损失多少资金啊！这怎么行呢？

想到这里，华罗庚猛地坐了起来，和计雷他俩说道：

"不要再等了，求人不如求己，你们准备准备，明天一早咱们直接过去。"

第二天，师生三人带着洗漱用具来到了工厂。华罗庚对接待他们的人说："你们不让我们进厂有你们的理由，我们理解，你们可不可以给我们在附近找个住的地方，让厂里的技术员出来，我们给他们讲统筹法啊？"

接待的人为难地说：

"这里远离市区，环境也不太好，你们还是再等等吧。"

"我们的要求不高，只要能睡觉就行。"

"可您这年纪、这身体，受得了吗？"

华罗庚拍拍胸脯说：

"别看我年纪大了，但是身体棒着呢！"

接待的人敬佩地看了看华罗庚，想了想说：

"那好吧，我安排你们住在附近的一个小仓库里，那里条件不是太好，你们先凑合吧。"

就这样，工人们将工厂旁边的一间仓库腾了出来，改建成办公室兼居室，师生三人住了进去。厂里的师傅分成几个小组，每天来这里，听华罗庚给他们讲统筹法。

当时科学并不普及，即使是工厂的技术员，文化水平也不高，给他们讲起课来要比在学校的难度相对大得多，但是华罗庚耐着性子，一遍又一遍地给他们反复地讲，直到每个人都明白为止。

就这样过了几天，厂里的领导回来了，华罗庚他们才进行实地考察。华罗庚还让计雷和陈德泉下车间和工人们一起劳动，及时了解生产情况。

经过仔细的考察和认真的分析后，这个本来要求15天内完成的任务，华罗庚他们计划10天就能完成。

华罗庚他们解决问题时采用的是"依靠群众集思广益，先解决主要矛盾，等次要矛盾转化为主要矛盾了再想办法解决"的思路。

在开始时，第一个主要矛盾是起重工，在以前他们给吊装工安排任务的时候，总是说"明天上午你来"，或者是说"明天下午你来"，以半天为期。

经过了解，华罗庚得知工作量其实每次只有20～30分钟。这样一来，华罗庚把时间进行了重新分配，将上午分成8时至10时，10时至12时两个时间段；同样，把下午也分成了两个时间段。什么时间需要就什么时间来。这样这个问题就不再是主要矛盾了。

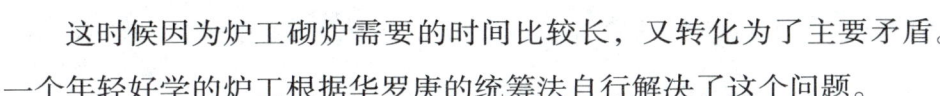

这时候因为炉工砌炉需要的时间比较长,又转化为了主要矛盾。一个年轻好学的炉工根据华罗庚的统筹法自行解决了这个问题。

这个问题解决了,撬水泥地基又演变成了主要矛盾。原计划是到时候科室的人员全部出动,停止办公,大家都去干。

可是结合现场一画统筹图,发现水泥地基的面积不是很大。如果大家都去连站的地方都没有了。经研究,华罗庚果断地改变了策略,要求能先撬的就先撬,这样,这个矛盾就分散了,科室人员也不用停止办公了。

这3个主要矛盾解决后,10天的计划就订出来了。看到这样的成绩,工人们纷纷提出要求学习统筹法。

他们说,统筹法是老华专门为减轻我们工人的劳动研究出来的。工厂看见这种情况,对华罗庚他们提出,如果能够将工作缩短至7天完成,那么就考虑让工人们都学统筹法。

华罗庚认为这是一个宣传统筹法的好机会,于是他满口答应了下来,但要求先试讲一次。

工厂答应了华罗庚的请求,安排星期六晚上让华罗庚讲课。

天公不作美,临到晚上,忽然下起了瓢泼大雨。

计雷和陈德泉看了看外边电闪雷鸣的场面,对华罗庚说:

"您腿脚不好,要不就别去了。反正今天是试讲,让我们两个替您去吧。"

华罗庚坚决地摇摇头,说道:

"那可不行,我答应了工人们要亲自给他们讲统筹法,即使天上下的是刀子,我也得去。"

计雷他俩知道华罗庚向来说一不二,没办法只得冒着大雨和他一起去了会场。

一路上,大家的心里都在嘀咕,这样的鬼天气到底能去几个人。

到了会场,师生三人就被那黑压压的人群给镇住了。别说会场里，就连会场外都里三层外三层地挤满了人，甚至有的人嫌打伞碍事，把伞一扔，只在头上顶个塑料袋就来听课了。

"心有一善，人必从之啊。"华罗庚的内心无限感慨。

望着这张张淳朴、善良的脸庞，华罗庚觉得自己吃再多的苦，受再多的累都是值得的。

他一瘸一拐地走上讲台，深入浅出，结合生产实际娓娓道来。那深奥的数学概念仿佛变成了日常生活中人们所熟悉的件件小事。

工人们听了，茅塞顿开，他们频频点头："哦，原来这些事情还可以这样安排。"

"天啊，我们在不知不觉中竟然浪费了那么多的时间！"

报告结束了，雷鸣般的掌声盖过窗外雨水的喧闹，久久不能平息。

几名前排的工人望了望华罗庚的病腿，什么话也没说，一起走到讲台前，把两鬓垂霜的华罗庚抬了起来。

看到这场面，围得水泄不通的人群，自动让开了一条小路，这几名工人踏着没膝深的积水，一直把华罗庚抬到汽车上。

汽车徐徐开动，华罗庚透过雨雾望着站在雨里和他挥手告别的工人们，眼睛模糊了……

经过这次报告，大家的心紧紧地连在了一起。第二天一大早，华罗庚的那间小办公室外，就来了好多人，他们都是来和华罗庚一起谈论关于7天完成工作的计划的。

看到这个喜人的场面，华罗庚的干劲更足了。他和工人们围在一起，开始了热烈的讨论。

很快，要7天完成任务的主要矛盾暴露了出来，那就是冷作工。炼油塔旁边有扶梯、有平台栏杆等，都要冷作工来做。没有炼油塔，这些活不能搞，没有扶梯、平台，管工和电工也不能工作。

这个问题涉及面较广，大家讨论来讨论去，也没有太好的办法。

这时，有人提出："冷作工是不是可以给别人创造条件，让别人也先干呢？"

冷作工师傅二话没说就答应了，还保证他两天可以完工。

大家有些意外，这个冷作工师傅可是工厂里有名的"磨蹭大王"，他怎么有把握两天就完成呢？

冷作工师傅看见大家一脸迷惑，笑着说：

"你们不用怀疑，我说到做到。我搞平台、扶梯，不一定一气搞完别的工再上去，我可以先搞好一层别人就可以开始工作了。当然，还有一个安全问题，这个大家也不用担心，你们在这边干活，我在上面的另一边干，保证遵守安全措施。"

大家听了这话都赞成地点了点头，有的人还竖起了大拇指，夸道：

"行啊，一天没见，你的学问就猛涨啊！"

那个冷作工师傅不好意思地挠了挠头，冲大家说道：

"这多亏了老华，昨天他的课把我讲开窍了变成七窍全开了！"

听了这话，大家哈哈大笑起来。

就这样，7 天的计划订了出来。大家一鼓作气在短短 6 天时间里就保质保量地完成了任务。

华罗庚高兴地对大家说："你们厂的设备提前 1 分钟投产，就能多生产 1 吨航空汽油，估算一下，提前 1 天就是 20 万。10 天变成 6 天，提前 4 天，就是 80 万。如果按 15 天算，那是多少？"

有人喊道："180 万！"

"对，180 万！各位师傅们，你们为国家整整创造了 180 万的财富啊！"

听到这个数字，大家高兴得跳了起来。

这件事一传十，十传百，很快全国人民都知道了统筹法，知道了华罗庚，大家都纷纷行动了起来，邀请华罗庚前去宣传"双法"。

华罗庚在《要使数学更好地为四个现代化服务》一文中写道：

> 工农群众一旦掌握了科学技术，就能够产生巨大的物质力量。"双法"一到了群众手里，其发展之快、成效之大是惊人的。"双法"在化工、电子、冶金、煤炭、石油、电力、机械制造、轻工、交通运输、建工建材、医药卫生以及农业、林业等各行各业的推广，都取得了成果，为国家创造了大量财富。
>
> 从这里我们可以看到，当人们一旦掌握了"双法"这样的科学工具，就会在社会实践中更主动地揭示出生产的客观规律，进而提高劳动生产率，这就有力地显示了科学作为生产力所起到的作用。

华罗庚他们师生三人在上海待了 3 个月，这 3 个月里，他们用统筹法为人们解决了许多实际的问题，同时也用优选法为人民排忧解难。

一天，陈德泉的一个老同学裴履正忧心忡忡地来找陈德泉，一见面就向他诉苦：

"哎，单位领导交给了我一项任务，让我把仪器零件上的氧化膜去掉。但是我做了很多次试验，就是去不掉。原来单位领导见我总是乐呵呵的，现在看见我总是黑着脸，见面就一句话：'小裘啊，试验做得怎么样了？'我现在看见领导就躲，就跟耗子见到猫一样。老同学，这次一定要帮帮我啊！"

陈德泉沉思了一会儿，说道："我觉得用优选法应该能够帮你解决这个问题，但是具体的还要和华老师商量商量。"

裘履正听完这话，脸上的愁云立刻消失了，他高兴地催促着："那咱们快走，去问问华教授。"

陈德泉故意气他说："等等，华教授那么忙，我可不敢肯定他有时间搭理你啊。"

一听这话，裘履正又成了霜打的茄子——蔫了，"唉，那怎么办啊？"

陈德泉笑着拍了一下裘履正的肩膀，说道："快走吧，和你开玩笑呢。华教授就是再忙，遇见问题他也会抽出时间帮你解决的。"

华罗庚听了裘履正的叙述，当即答应帮助他研究用优选法解决，并和他们一起用优选法研究出8个试验方案。

在做试验的当天，华罗庚还特意放下手头的工作，亲自进行指导。结果，大家惊喜地发现用其中的一个方案，只需要1分钟就能够把仪器零件上的氧化膜去掉。

这次的成功深深地鼓舞了大家的士气，不久他们又用优选法解决了润滑油在零下40度不凝固的问题。

当时炼油厂的一名工程师通过有关部门找到华罗庚，和他说："我们的润滑油是用在坦克上的，希望能在零下40度时不凝固，但是我已经做了137次试验了，却只能在降到零下37度的时候不凝固。我现在是黔驴技穷了，您看您能不能帮我们解决一下这个问题？"

华罗庚说:"你能不能把过去的数据给我看看?"

看完试验数据,华罗庚用优选法中的"陡度法"进行了计算,然后请那位工程师用他计算的数据再做配方试验。

结果,没过多久那位工程师就兴冲冲地跑来向华罗庚道喜:"华教授,您太厉害了,我用您的配方,只试验了一次就成功了,而且在零下42度的时候,润滑油还没凝固呢!"

华罗庚谦虚地说:"这不全是我的功劳,没有你的那137次的试验,我也不可能一次就找对配方。"

这两次使用优选法的成功案例,使人们对应用数学的认识不仅仅局限在统筹法上。大家的视野开阔了,能运用的方法多了,为国家节省的能源、创造的财富也多了起来。

晚年贡献

科学上没有平坦的大道,真理长河中有无数礁石险滩。只有不畏攀登的采药者,只有不怕巨浪的弄潮儿,才能登上高峰采得仙草,深入水底觅得骊珠。

——华罗庚

废寝忘食地工作

1970年至1975年，华罗庚先后到北京、天津、上海、黑龙江、浙江、江苏、河南、辽宁、河北、湖北、广西、广东、山西、陕西、四川、福建、贵州、云南等省市推广"双法"。

那时候进行这项工作应该说是困难重重，但是华罗庚冲破重重阻力做到了，在这其中他得到了老一辈革命家的支持和肯定，这里包括毛泽东、周恩来、胡耀邦、叶剑英、王震等。

曾经就对华罗庚的称呼，发生过这样一件事。

有一次，华罗庚和陈德泉从外地回来，一起去王震处，向他汇报工作。在汇报工作的时候，陈德泉称呼华罗庚是老华。

这时候王震突然严厉地对陈德泉说："你给我站起来。"

一直笑容可掬的王震突然变了脸，把陈德泉吓了一大跳，他就赶紧站了起来。

王震冲着陈德泉问道："你刚才说什么？"

陈德泉很纳闷，据实说道："说了半天的工作啊。"

"不对，你怎么称呼华教授的？"

"我叫他老华。"

王震听了陈德泉的回答，怒气冲冲地说："你还是有知识有文化的人呢！咱们中国自古以来一直讲究尊师重道，你就这么称呼华教授？"

华罗庚一听连忙解释道："这不怪陈德泉，我们到工厂去，很多工人都亲切地称呼我为老华，他们就跟着叫了。这不是不尊重我，这也是对我的一种爱称啊。"

王震听了这话，怒气才算消了，他对陈德泉说："以后不能这样叫，叫华教授不方便的话，你可以叫华教授为华老，叫我就叫王老，但不能和工人们一起叫老华。"从此以后，大家都尊称华罗庚为华老。

20世纪70年代初一个深秋的夜晚，胡耀邦亲自登门看望华罗庚。对于国家领导人的到访，华罗庚既惊又喜，这是多么高的荣誉啊！

开始时华罗庚还有些拘束，但是随着话题的深入，两个人之间的距离越来越近，首先是从位置上，两个人从方桌的两边凑到了一起，后来是从心理上，华罗庚完全放松了，他畅所欲言。

胡耀邦忽然问道："今后你的工作打算是什么？"

华罗庚对这个问题已经思考了很久，所以当时不假思索就回答道："大统筹，广优选，联运输，大平衡。"

胡耀邦沉思了一会儿，说道："我赞成你的方向和到实际中去找课题的道路。但是你所提到的是12个字，能不能改动一下？其中平衡是暂时、相对的，一切事物在发展，所以最后3个字可否改一下？"

当时胡耀邦的态度是平易近人的，用的是商量的口气，并且从人类社会发展的原则性方向考虑，启发华罗庚修改自己的提法。

经过这一番点拨。华罗庚的思路立刻放开了，他问道："把大平衡改为策发展是否好些？"

胡耀邦赞成地点点头。

夜深了，秋凉如水，可敬的客人留下了理论上的指点、方向性的引导，使华罗庚朦胧地认识到科学与社会、与哲学的关系。

华罗庚拄着拐杖送了胡耀邦一程又一程，最终因为赶不上他那快捷而安详的步伐，不得不停下来以目相送。

胡耀邦的话使华罗庚充满了信心，下定了决心，必须投身到生产实际中找问题，从发展的角度思考问题。

后来，在实际中经过反复考验，数学理论深刻推演，也确实证明计划经济中"策发展"比"大平衡"确切得多，积极得多。

在胡耀邦同志的明确支持下，华罗庚的推广"双法"小组的几十位科技人员又集中起来，在湖北省委的邀请下，他们先到武汉，稍事休息后，分组开赴湖北全省的各个城市和农村。

湖北省委的一位负责同志找到华罗庚说："华老，荆门地区有一个纺织印染厂，生产1024白纱卡，它出口合格率太低，上半年仅完成2000匹布，而年任务是20000匹。任务完不成，影响太大了，您能不能帮忙解决一下。"

那时候，小分队中根本没有搞纺织印染的，即便是搞轻工行业的也只有一两个。大家面对着"一摸黑"的情况，有人劝华罗庚："华老，咱们还是把这件事给回绝了吧，大家实在都是门外汉，完不成任务不要紧，毁了咱们辛辛苦苦创造的声望就不值得了。"

一听这话华罗庚就火了，他严肃地说："我们的目标是为人民排忧解难，不是为了争面子、争荣誉的，要是想争，老老实实在研究所研究理论就可以了，何必这么辛苦跑出来呢！"

大家吓得都不敢再吭声，华罗庚接着说："我们这里确实没有人搞纺织印染的，但是厂里的人懂啊，我们向他们多学学，不就什么都有了吗？"

就这样，华罗庚带着几个人一头扎进了纺织厂的车间。他们当徒工，向工厂的工人师傅、技术人员学习，向大家介绍优选法。

工厂领导也很重视，广泛发动群众，学习优选法，应用优选法，人人提项目，道道工序搞优选，轰轰烈烈地开展了群众性的优选试验活动。

从清花、并条、粗纺、细纺到织布等几十道工序都进行了优选，取得优选成果40多项，纱卡的质量不断上升，出口合格率提高至85.6%，提前完成了出口任务。

这一工作告一段落后，华罗庚语重心长地和大家说：

"你们以为数学真的那么神奇，什么都能解决？不是的，其实一切都是靠积累。你们想想，我们到了一个新的地方，遇见一个新的问题，真正解决问题的不是我们，而是那些当地的专业技术人员，我们只是起到了一个辅助作用。

"同时，在每次解决完问题的时候，我们都应该有很多的收获的，像这次，我们再遇见纺织方面的问题的时候，我相信你们再也不会说我们没有搞纺织印染的了，而是会拍拍胸脯告诉别人，这个问题交给我吧，我一定能圆满解决它。"

原先打退堂鼓的人听了这番话，脸红得像个大苹果，拼命地点头，对华罗庚的敬佩又加深了几分。

推行"双法"是艰辛的，而"双法"本身也经历了起起伏伏。

这是发生在黑龙江省桦南县粉米厂的事情。

1972 年推广优选法时，他们在磨粉机、箩部和清理三大部分道道工序搞了优选试验，取得显著效果，面粉的出品率由亏损 2.5%～3% 转变为超品率 0.7%；日产面粉由 67.2 吨提高到日产 72 吨。

可是到了 1973 年秋，加工新小麦，由于这种新小麦皮厚、沟深、毛长，水分又偏高，给加工带来了新的困难，按原来优选后的工艺加工，面粉不合格，出品率亏损 1.3%，日产量又下降至 43 吨。

这时候，有人对优选法产生了怀疑："优选法到底行不行啊？怎么换了个条件，它的效果就变得这么差呢？"

面对这种情况，华罗庚沉着应对。他赶到桦南县粉米厂，和大家一起分析，重新开展优选试验，很快就又找到了合格的加工条件。

利用新的优选法出品率很快提高到了原先优选后的水平，并且日产量比原先优选时还有提高。

优选法又恢复了青春。自 1973 年以来一直稳固使用，年产值翻了一番，每年可多出面粉 165 吨。

通过这件事，华罗庚告诫大家："搞优选法的一个很重要的特点，就是学会优先的方法，生产条件变了还应该重新搞优选，在新的条件下，找出新的规律来。"

1975年夏天，在胡耀邦同志的支持下，华罗庚带着陈德泉等十几个人去大兴安岭林场推广"双法"。

小分队在大森林里的各个采伐场，宣讲优选法和统筹法，在采、运、用、育的各个环节上进行统筹和优选的研究。大大减少了伐木工人窝工的浪费，采伐点的劳动生产率提高幅度都在30%以上。

然而华罗庚毕竟是上了年纪的人，加上连日的劳累，他在一次讲话中，突然晕倒了。大家急忙把他送进医院，经医生检查，诊断为心肌梗死。

华罗庚从昏迷中苏醒过来，看到身边和他朝夕相处的陈德泉，用微弱的声音叮嘱道：

"小陈啊，我不知道这一关还能不能够挺过去，如果我就此倒下了，你一定要答应我带着同志们坚持干下去。"

"华老，您放心吧。"陈德泉噙着泪水回答道，"不，华老，我不能答应您，这是毛主席交给您的任务，您是带头人，这个任务必须由您亲自完成。"陈德泉想用这种方法激起华罗庚的求生欲望，故意说了些违心的话。

华罗庚怎么能不明白他的心意，他冲着陈德泉轻轻地点点头。

华罗庚病倒的消息传到了北京，立刻在科学界引起了轰动，中国科学院的领导立即派人去哈尔滨探望。周恩来闻讯后，派出为自己看病的医生前往哈尔滨救护华罗庚。

大兴安岭林场和大庆油田的工人听到消息后，也纷纷赶到医院看望华罗庚。

经过医护人员的精心治疗，华罗庚的病情渐渐地好转了，6个星期后，他康复出院。

1976年，对我国来讲可谓是损失惨重的一年，毛泽东、周恩来、朱德和一些老一辈革命家相继逝世，在我国的唐山又发生了有史以来最强烈的地震，开滦煤矿被迫停产。

"北京燃料告急！"

"天津缺煤！"

"电厂无煤发电！"

"工厂停电停产！"

"居民断电，供水紧张！"

华北的许多城市，不仅工厂不能正常生产，就连居民也无法正常生活。面对这种紧急情况，华罗庚主动请缨，不顾心肌梗死复发的危险，立即组成科技小分队奔赴山西大同煤矿，利用统筹法对转运站的装卸进行试验。

时间就是生命，华罗庚带领科技小分队到达山西后，立即投入了工作。他们废寝忘食，日夜坚守在生产的第一线，终于研究出一套最佳的统筹方案。

利用这套方案，大同煤矿由原来每天能装 700 车皮增长至每天装车达到 1000 车皮以上，一天多拉原煤 1.8 万吨。经过 5 个月的突击运输，终于解决了华北用煤紧缺问题。

华罗庚的心这时才算轻松了，他望着天安门的方向，默念道："主席、总理，我没有辜负你们对我的信任，这次我又成功了。"

在这十几年间，华罗庚从一个乌发满头的学者变成了一个两鬓斑白的老人。他人累瘦了，身体也日渐衰弱。但是他奔波劳碌、辛勤耕耘，赢得了遍地硕果。

在纺织行业：提高 2014 纱卡的质量；解决美丽绸褪色的问题；提高织机的效益；提高细纱的单产；提高涤棉布热定型的效率；减少细纱的断头率；改进滚筒表面的状况，减少缠纱的现象；锡林动平衡问题；提高染色质量，节约原材料。

在电子行业：试制新的 160V 电容器；100 万米废钼丝复活；提高晶体管防潮漆的抗潮性能；调试 XD1 信号发生器的功率放大器；

解决 BP-3 宽频谱分析仪的源电压波动问题；回收稀有金属钽；提高在制造钽电解电容器中钽粉的利用系数；改进单晶硅衬底的质量；控制铝膜的厚度；高纯铝箔的退火；提高点腐蚀工艺的质量。

在冶金行业：提高球磨机的效率；改进浇铸 H80 焊条钢中铝封顶的效果；克服熔炼 Si-Cr 硅铬合金中的技术障碍；减少电炉炼钢的时间；提高 2Crl3 不锈钢的质量；提高钴的产量；提高钛的产量；改进硅钢片涂层的质量；提高三辊冷轧管机的产量；减少 Φ500 轧机的废品率；提高金属锰的回收率；解决由于钢锭收缩产生的孔隙的问题，延长炉龄。

在煤矿行业：合理安排，提高煤的产量；调整联合采煤机的参数，提高机器效率；减少炸药消耗，提高采煤工作面的单产；提高精煤回收率；提高圆环锚链和连接环的破裂强度。

在电力行业：恢复汽轮发电机组的输出；提高锅炉的效率；改变工业供水系统；调优供水泵的运行；实现在开机并列时的自动频率调节；降低汽轮机轴承的温度；提高移动床软化水的效率。

在通信和交通行业：参与铁路施工；提高火车站货物的装卸率；降低车船的燃料消耗；改进气象导航；参与泸州长江大桥的施工建设。

在建筑和建材行业：建筑工程的组织；建筑工程的预算；桥梁工程的组织；提高纤维板的产量；降低聚氯乙烯胶泥的成本；提高混凝土预制板的产量；提高水磨石制品的质量；提高膨胀珍珠岩的膨胀系数；降低矿渣混凝土的成本；试制多硫化钙溶液；提高离心浇注混凝土管的效率。

在食品、粮油加工行业：提高大米加工中的出米率；提高油料加工中的出油率；提高小麦加工中的出粉率；提高酿酒工艺中的出酒率；提高饴糖的产量；降低细挂面的再加工率；提高由麦芽制糖的出糖率；提高豆腐质量，降低大豆消耗；提高糖果的质量；提高猪毛溶解工艺中蛋白的获得率。

在设计行业：设计无线电网络；设计滤波器；设计补偿器；在特定地形上的机场的设计；光学设计；卫星齿轮的设计；无线电发射机的频率的设计；电路开关的设计；水样采集器的设计；多级提水站的位置的设计。

在化工行业：提高液晶对温度变色的灵敏度；提高癸二酸的质量；提高双氰胺的回收率；提高活性炭的产量和质量；延长辛烯醛加氢反应中催化剂的寿命；在锆氟酸钾生产中，节约原料硅氟酸钾；提高抗氧剂的回收率；改进精馏塔的分离系数；提高糠醛的产率；提高苛性碱的回收率；增加来苏尔的产量；在硫化碱的生产中，提高产量，节约原材料；减少电能消耗，增加碳化钙的产量；增加造粒塔的产量；增加气体发生器的产气；增加磷肥的产量。

在石油行业：提高破乳剂 GP122 的效能；提高原油脱水的质量；提高在常减压加工中，减压塔的总产率；计算油井的最大产能；提高化学清蜡中的溶蜡率；优选锅炉运行的最佳条件；降低油的黏性；选择地震资料基地的回放仪滤波因素；增加微球硅化铝的产量；用铂重整法试炼新油种；提高抗凝剂 605 的质量。

在轻工业行业：提高热水瓶的质量；增加肥皂的产量；提高纸张的质量；提高鞣制皮革的质量；增加皮鞋的产量；提高 10W 荧光灯光效；增加卷烟的产量；提高罐头内涂料的质量；提高鸭绒分离机的效率；利用干枯变质木材生产火柴；提高腈纶丝的产量；增加特种甘油的产量；改进 TiF2 玻璃的质量。

在机械制造行业：提高各类机床的加工效率和精度；挂轮间的最优逼近；砂轮的静平衡；提高落地镗床镜面标尺的光洁度；提高球墨铸铁的质量；提高法兰盘加工的质量；快速镀铬；提高电镀漆的质量；各类切削工具的淬火工艺；齿轮平面表面的高频淬火工艺；振动膜的热处理；不开坡口单层双面自动焊接；用 3S 铬钼钒加工钻头；

氧气瓶的收口成型；无氰镀锌工艺；降低高炉的焦铁比。

在制药行业：优选酸化反应时间增加扑热息痛的产量；提高海带提取碘率；降低磺胺嘧啶的成本；增加美曲膦酯农药的产量；改进四环素的压片工艺；提高甲醇钠的产量；在呋喃类药物生产中，节约原料；提高磺胺嘧啶的发酵指数。

华罗庚写的《统筹法平话》和《优选法平话》逐步成为行业的系统经验，国家计委曾把这两种方法作为我国重点项目予以推广。它解决了一大批生产实践中遇到的问题，摸索出了一条发展我国应用数学的道路。华罗庚成为在中国最为人所熟悉的一位科学家。国外学者贝特曼甚至认为：现在还没有一个西方的数学家超过他被群众所拥戴的水平，而且认为他在自己的国家作为一个科学家的群众英雄的形象，有如爱因斯坦在美国。

毕生致力于教育

"我想，人有两个肩膀，应当同时发挥作用。我要用一个肩膀挑着送货上门的担子，把科学知识和科学工具送到工人师傅手里；另一个肩膀可以作为人梯，让青年们踩着攀登科学的更高一层山峰，然后让青年们放下绳子，拉我上去再做人梯，再登高峰。"

这是华罗庚在 67 岁的时候说的，他所说的也是他所做的。他用一个肩膀扛着应用数学的担子，把实用的知识教给了工人师傅；他用另一个肩膀在为国家输送着大批的大才，除了培养出我国数学界大批的科学家外，他也十分关心中学生、小学生的成长。

华罗庚是新中国在中学生中开展数学竞赛的创始人和组织者。

1953 年，华罗庚随同中国科学院访苏代表团到了苏联，在那里他们学到了无数的宝贵经验，其中主要内容之一就是举办数学竞赛会，因为这是和在学校中成立数学小组同等重要的引导青年进入科学的最先一环。

这样的竞赛不但可以鼓舞青少年们对学习数学的兴趣，而且对提高中学的数学教学质量、推动和帮助其他各科的学习都是极有意义的。

1956 年 5 月，华罗庚在北京、天津、上海、武汉 4 个大城市举行数学竞赛。

1956 年 5 月 31 日，他在《光明日报》上发表了《写在 1956 年数学竞赛结束之后》的文章，总结了这次数学竞赛的成绩。

他在这篇文章中写道：

在这次竞赛中,最好的成绩几乎达到了我们预计的最高水平。一般来说,绝大部分都达到了优秀中学生的水平。在第一次数学竞赛中,就出现这样优秀的成绩,实在使人十分兴奋。

这显示了新中国青年们的卓越才能和学习毅力,也说明了我国的科学事业中,已经涌现了强有力的后备队伍。

在这里,我为青年朋友们的出色成就而庆幸。我也希望,这次的竞赛带给优胜者的不是骄傲和自满,而是更加谦虚、更加努力,继续和同学们一起共同前进。我更希望,没有录取的同学不要气馁,不要为一时的失败而丧失了信心。在长距离的赛跑中,它的优胜者是最有持久力的人。

这段热情洋溢的讲话,对我国中学生有极大的鼓舞力量,同时也让他们端正学习态度,胜不骄,败不馁。

华罗庚还专门为中学生深入浅出地撰写了《从杨辉三角谈起》《数学归纳法》《谈谈与蜂房结构有关的数学问题》《从祖冲之的圆周率谈起》《从孙子的"神奇妙算"谈起》等书。

同时,华罗庚对中学数学教材也提出了几点建议。

首先,他认为我国用了中小学12年的时间去教授苏联学校里10年所学的内容,我们应该在苏联十年制的内容外,再添加上两年的数学教材。

其次,对应当添加什么科目的问题。华罗庚认为应该添加解析几何、微积分大意、概率初步、代数的秦九韶法。

同时,华罗庚还要求中学生们养成"肯想善算"的习惯,只有这样,才能将数学知识和实际结合起来。

华罗庚不仅仅关注中学生的数学学习,对他们的学习态度、学习方法等也都十分关心。

他曾列举了苏洵27岁的时候才发奋读书的故事。告诉大家要刻苦学习，不要怕晚嫌迟，"发愤早为好，苟晚休嫌迟，最忌不努力，一生都无知"。

他还列举了王冕从小贫苦，不能从师学画，最后自己看着荷花临摹，成为大画家的故事。告诉大家如果没有老师不要怕，只要刻苦自励，自学也是可以有所成就的。

他又列举了韦庄的词："街鼓动，禁城开，天上探人回。凤衔金榜出云来，平地一声雷。莺已迁，龙已化，一夜满城车马。家家楼上簇神仙，争看鹤冲天。"

他告诉大家雄心壮志不可无，浪漫主义的幻想也要有，但不畏艰苦、逐级攀登的踏实功夫更不可少。老老实实、实事求是，不要轻视平淡的一步，前进一步进一步，登高必自卑，行远必自迩。

华罗庚对中学生的关心、教育，可谓苦口婆心、殷切之至了。

他对红领巾小朋友也很关心。1984年4月，北京市幸福村中心小学五年级（1）班的一群"数学迷"写信给华罗庚，希望能够见到他。

华罗庚在百忙中，热情洋溢地写诗鼓励他们为祖国四化献身打好基础：

　　收到鸡毛信，愧怍在我心，
　　为国做得少，深愧对人民。
　　自幼立下凌云志，长大永怀奋发心，
　　为四化献身，两番业必成，
　　发展规律在，后人超前人。
　　远行始于脚下，登高必从底层，
　　基础打得巩固，万丈高楼建成。

华罗庚的足迹几乎踏遍华夏民族的每一寸土地，只要有时间他都会去学校转转，因为在他眼里，青少年是祖国的希望，是民族的未来，教育要从小抓起，人才要从小培养。

他曾经3次到母校金坛中学视察、讲话，用自己自学成才的经验和新、旧社会知识青年的成长条件作对比教育学生。他也视察过金坛二中、省立常州中学等学校，对学校师生是极大的鼓舞。

1961年9月，华罗庚来到了省立常州中学，他的到来，受到了全体师生的热烈欢迎。他视察了校容校貌，了解了教学情况，应校领导的邀请，向全校师生作了一次热情洋溢的讲话。

在讲话中，他鼓励大家要为祖国的繁荣富强而顽强学习，勇攀科学高峰。

华罗庚说："科学是日新月异长期发展而来的，对攻克科学堡垒必须认识它的长期性和艰巨性。正因为如此，就要求大家必须具有锲而不舍、勤奋踏实的精神，要勇于付出长期艰苦的劳动。"

台下的听众给予了热烈的掌声。

华罗庚接着说道："'一曝十寒'是要不得的。在科学领域里，成功的科学家几乎没有一个不是辛勤的耕耘者。有些人在工作中碰了钉子，走了弯路，于是就怀疑起自己的才能来。其实，许多科学家都是经过多次的失败，走过许多弯路才获得成功的。一个科学家在他攻克堡垒的长征中，失败的经验远比成功的经验丰富得多。重要的是不灰心丧气，善于从失败中吸取教训，不断总结经验，继续前进。遇到困难和挫折，不要悲观失望，而要坚持不懈，坚忍不拔，锲而不舍，持之以恒。"

接着，他联系自己的切身体会，谈了数学这门课的特点。

他说："数学是一门非常有用的学科，它不但对建设祖国很有用处，而且数学还是一切科学的有力助手。现代科学的发展，使数学显得更重要了。不但和数学相近的力学、物理学等需要用数学，甚至在

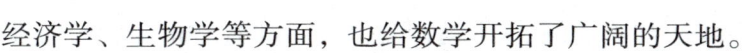

经济学、生物学等方面，也给数学开拓了广阔的天地。

"另一方面，像体操能使身体健康、动作敏捷一样，数学能使你思维严密、敏捷。数学是科学的语言，通过它，人们才能把自然科学中头绪纷繁的现象简便地、深刻地表达出来。"

针对有人认为数学太抽象、太难学的观点，华罗庚说道：

"数学也难学，也不难学。说它难，是因为科学中没有一门是信手拈来的；说它不难，是因为既然是一门学问，那就总会一步一步地钻研出来的。数学虽抽象，但不枯燥。正因为抽象，它反映的问题就愈普遍，因此应用的地方就愈广。也正因为应用广，在大量的事物中才能抽象。因此，数学是生动活泼的，也是有血有肉的，也是很有趣味的。"

对他的观点，华罗庚还举了一个生动的例子："不久前我从报上看到苏联向太平洋某水域发射了火箭，从公报得知火箭进入由4个点构成的一个梯形水域。根据这些数据，我们就可以用数学方法推算出火箭发射的轨道和地点来。数学在现实生活中不是很有用处吗？"

师生们都从中受到了启迪，回应给华罗庚以雷鸣般的掌声。

接着，华罗庚联系自己的治学体会，开导教师们，治学一定要有正确的方法。在讲到读书方法时华罗庚指出，获得书本知识是一个"从薄到厚"再"从厚到薄"的过程。

他说："所谓'从薄到厚'就是在没有弄懂书的内容之前，书显得很厚，还未真懂之时，只是局限于对书本内容局部的、表面的了解；在真懂了之后，就会感到书本变薄了。所以说'由厚变薄'的过程，是一个思考的过程，是分析与综合的过程。"

接着他又引用了孔子的一句话，"学而不思则罔，思而不学则殆"。

他说："对思而不学的人，大家都容易看到其错误，而对学而不思的危害则往往认识不清。例如，有的人满足于死背公式。事实上，所有的知识，靠背是背不过来的，何况层出不穷的新知识又如何能'背'出来呢！即使一个人只善于背书，那也不过是一只'书橱'，并不能用知识来解决实际问题。

"因此，读书必须思考，就是要分析与综合，读完一本书之后，要作解剖工作。对其中重要的结论，必须分析其依据是什么。分析定理证明过程时，要了解其中心环节，这可把证明过程显示得又简单，又直观。

"这样，弄清楚书本内容的来龙去脉和互相联系的中心环节，并加以综合整理之后，然后达到了实质上的了解，从而将书本'从厚变薄'，也就是把内容真正消化了。"

华罗庚又说："在读书时还要做到'瞻前顾后''左顾右盼'。所谓'瞻前顾后'，就是在学习一门学科时既要知道前人在这个领域内已总结出来的经验和达到的水平，又要看到这门科学的发展趋势，它对社会主义建设事业将要发挥的作用。

"所谓'左顾右盼'，就是在钻研一门学科时，不能孤立地看这门学科，而是要弄懂与它有密切关系的、邻近的其他科学，这样才能学好这门学科。"

他强调既要重视打好基础，又要正确处理博与专的关系。他对比了新旧社会不同的学习条件，联系他在艰苦的条件下自学成才的经历，语重心长地希望青年一代要充分利用良好的学习条件，培养自学能力，刻苦钻研，持之以恒，希望家乡的学校能为祖国培养出大量的优秀建设人才来。

会后，华罗庚还欣然挥笔为省立常州中学数学教研组书写了"数学是攀登科学高峰的天梯"的题词，全校师生为此受到了很大的鼓舞。

1963年11月，华罗庚再次来到常州中学视察。在教师座谈会上，史绍熙校长向他汇报了学校教育、数学工作情况。

当他听到该校贯彻全面发展、因材施教原则，重视培养学习上的"尖子"，还开展了包括数学在内的多种课外科技活动、开展数学竞赛并取得良好成绩的情况时，华罗庚点头微笑，表示满意和赞许。在座谈中，他联系自己的体会，强调治学的态度要严谨，要独立思考，对于书本上的知识不能迷信。

华罗庚说："在人们的一生工作中，有老师是不经常的，而没有老师指引是经常的；遇到问题，从书本上找到答案是不经常的，找不到答案是经常的；成功是不经常的，而失败则是经常的。"

他要求大家学会自学和独立思考。

他说："培养了独立思考能力，不但能保证我们在校学习好，而且能保证我们将来能够不断地提高。青年们一定要学会自学，重视自学能力的培养，还要重视独立思考能力的培养，才能保证学习好。学习中遇到有些看法不一致的问题必须独立思考，进行分析，还要亲自调查研究，才能得到正确的结论。"

随后，他举了一个例子说明：蜂房的六面体构造中，除了底面外，其他五面都是正六边形结构，而底部则是菱形结构。关于菱形夹角度数的计算，他对书本上的叙述有怀疑。为了搞清楚这个问题，他除了亲自计算、实地测量外，还特地到北京植物园去请教了养蜂专家，才弄清过去书本上对菱形夹角度数的叙述是由于对数表上印错了一个数字而造成的错误。

这个例子是他通过调查研究、思考分析，终于纠正了错误的亲身经历。他以身言教，使教师们深受感动，决心在教学中坚持严谨的教风，要重视对学生自学能力和独立思考能力的培养。

在座谈中，华罗庚还强调，对中学生来讲，一定要练好基本功，才能打好数学基础。基本功一定要练得很扎实、很熟练。熟了才能有所发明、有所创造。会背不一定就熟。

熟，就是要掌握基本精神、基本原理，能够灵活运用。只有苦练、练熟，做到熟能生巧，才能获得技巧。在获得技巧后还必须经常温习，做到"拳不离手，曲不离口"，才能打好基础。在练基本功时切忌"好高骛远"，必须循序渐进，一步一个脚印地前进。

华罗庚的谆谆教导使全校广大师生深受教育，深受鼓舞，使得该校在"三个面向"和全面发展方针的指引下，培养出一批优秀的人才。

华罗庚不仅对青年一代的成长关怀备至，对他的恩师也是尊崇有加。华罗庚从一个顽童到一个大数学家，他的成绩与王维克老师是分不开的。

华罗庚去清华大学后，不到8年就当上了教授，成了名人。但他一直未忘王维克老师对他的关怀和栽培。他不仅时有书信向老师问候，而且几次回金坛都去登门拜望老师。

由于战争的关系，他们师生在新中国成立前后曾一度失去联系。1950年，华罗庚在北京突然收到王维克老师的一封信，得悉老师闲居在家，渴望能以有生之年报效国家，并有部分不用藏书想出售。

华罗庚立即为老师奔波联系。在他的引荐下，很快商务印书馆聘请王维克担任编审员，使这位著名翻译家、教育家得以为新中国贡献力量。

王维克到北京后，华罗庚在百忙中多次挤时间去住所看望他，并用专车把老师接到家里设宴款待。师生在欢笑中谈论往事，倾诉衷肠。

可惜相聚不长，1952年4月王维克不幸患胃癌逝世于金坛。华罗庚得知这个消息后，十分悲痛，但因为工作无法脱身，只好一面写信给师母陈淑表示哀悼，一面托内弟代他到灵前吊唁。此后，他便如亲人一样关心着陈师母及其子女。

1961年底，华罗庚自新中国成立后第一次回故乡金坛。他在母校金坛中学作了"天才在于勤奋，知识在于积累"的著名讲演。在讲演中，他曾数次提到已故王维克老师平时对他的教诲与勉励。

这一次，由于逗留时间短，活动安排紧，来不及去看望师母，心里很不安，临行只好请人送去一封亲笔信表示歉意。

1963年10月，华罗庚第二次重返故乡。当时，他以全国人大常委会代表的身份视察江苏，为了拜望陈淑师母他特意绕道金坛。

那天上午，他由当时的县委书记等陪同，徒步来到陈师母家。华罗庚在师母家堂前高挂的翁同龢所写"排列书史，不类时伦"的对联处怅望许久，才默默离去。

陈师母感到了其真情实意，第二天午后，便和次子福洪带了几十个鸡蛋，去县委招待所看望华罗庚。陈师母和华罗庚足足畅谈了一个多小时。

但他鸡蛋一个也不肯收，只肯收下陈师母买给他孩子的两条小手帕作为留念。临别前，华罗庚还把北京带来的一只板鸭、一包红枣和一双尼龙袜赠送给师母。

1980年，华罗庚到江苏推广"优选法"与"统筹法"再次回到金坛故乡。当记者问及他此行主要有哪些活动时，他直率而爽朗地笑着回答："我这次回金坛，第一件事是看望我的师母陈淑；第二件事是去母校金坛中学看看。"

这次他一到金坛，就请陈师母到招待所，一见面就用地道的家乡话亲切地喊着："师母好，淑老师好！"

然后华罗庚又亲热地扶师母坐下。当陈师母把一本签上自己名字、重新出版的王维克老师的译著但丁的《神曲》赠给他时，华罗庚紧紧地握住师母的手，十分动情地说："谢谢！谢谢！这是老师的心血啊！"

华罗庚翻开《神曲》一页读道："从我这里走进苦恼之城，从我这里走进罪恶之渊，从我这里走进幽灵队里。正义感动了我的创世主：我是神权、神智、神爱的作品。"

华罗庚读着这部传世的翻译作品,心里感叹道:"这是我恩师的心血呀!"

睹物思人,他仿佛回到了那遥远的 20 世纪 20 年代和 30 年代,一位才华横溢的青年用他满腔的热忱回到家乡兴办教育,他把对旧教育的悲愤化作耕耘的力量,兢兢业业地培养家乡的子弟,华罗庚就成了他惠泽的受益者。华罗庚沉浸在无尽的思绪之中。

陈淑师母对华罗庚如此深情地关心她一家很有感触。

1983 年,电视剧《华罗庚》播映后,她对来访的记者讲过这样一些话:"华先生成了名人,始终没有忘记我们,维克和华罗庚的师生情谊是很深的。危难时的相助,是雪中送炭,不是锦上添花。"

华罗庚从一棵无名小草到日后长成参天大树,正是依赖了党和人民的雨露滋润和许多像王维克这样的老师的春晖光照。华罗庚长成参天大树后,他开始了重复老一辈的脚步,以满腔的热血照耀着下一代的成长。

为国争光添彩

1978年召开的党的十一届三中全会作出了实行改革开放的重大决策。中国,当它的大门慢慢向世界启开时,欧洲各国怀着好奇的心情开始向中国伸出友情之手。

按照惯例,各国政治往来的先锋是科学,华罗庚作为一名享誉国内外的科学家受到了英国、荷兰、联邦德国和法国的邀请,前去进行学术交流。

1979年5月,华罗庚离开北京,开始了历时7个多月的欧洲访问,这是新中国成立以来华罗庚第一次去西欧讲学。

妻子吴筱元不无担心地对华罗庚说:"10年了,你连图书馆都没去过,还能比得过人家吗?"

华罗庚笑着说:"别担心,咱们家书房的那堆宝贝,不比图书馆的差。"

听了这话,吴筱元那颗悬着的心才算落了地。

其实华罗庚的心情并不像他表现的那样轻松,因为他知道这次的出访与以前大不一样,以前是好是坏是他个人的行为,可这次却代表了一个国家。如果稍有不慎,自己的声望受损是小,国家的声望受辱就太严重了。

华罗庚怀着这种忐忑的心情和他的随行人员首先来到了英国,他们的第一站是伯明翰大学。

因为这里是第一站,所以大家对讲演的内容进行了认真的讨论。

有的人说:"华老,为了把第一炮打响,我认为讲数论比较合适,因为在国外提起数论就会想起您。"

其余的人也纷纷点头表示赞同："对，华老，我们也认为讲数论比较合适。"

华罗庚听完大家的意见后，缓缓地说："我想把讲演的内容定为应用数学，讲统筹法，讲优选法。"

大家听了，不解地问："为什么啊？"

"因为在这20年里，我接触最多的是它，花费心血最多的也是它，而且我认为它的实用性要比理论数学大得多，这应用数学不仅是数学界的数学，而且是百万人的数学。"

听了华罗庚的解释，大家一致转变态度，认为讲应用数学涉及面大，影响范围广，更有利于对国家的宣导。

几天以后，华罗庚在伯明翰大学的礼堂，开始了他访欧的第一次讲演。

华罗庚站在讲台上，望着下面黑压压的人群，说道："今天我讲演的题目为《为百万人的数学》。"

"为百万人的数学，这是什么啊？"

"为百万人？这口气也太大了吧！"

"怎么不是数论啊？这个华罗庚最擅长的不是数论吗？"

台下的人听到讲演的题目后议论纷纷。

华罗庚继续说道："为百万人的数学即为应用数学，在中国应用最广泛的是统筹法和优选法……

说我到车间去讲优选法要求听讲的工人都要学过微积分，这是不可能的。那么我是怎么在中国普及优选法的呢？首先我先让大家记住一个数——0.618。"

说到这里，华罗庚拿起了一张纸条和一支烟，他接着说道："这张纸条和这支烟就是我的教具，假定纸条就代表某一因素的范围。第一个试验点在什么地方作呢？在全长的0.618处作。"

此时华罗庚点燃了烟，用烟头在纸条的0.618处烧了一个洞。

"第二个试验点又在什么地方作呢?在纸上第一个试验点的对称点上作,在我这里就很简单地找到了。把纸对折起来,顺着第一个试验点所烧的洞烧过去,第二个试验点就得到了。这时,可将两个试验点所得到的结果对比一下,看哪个试验点作出的效果好?如果第一点比第二点好,那么就把第二点以下撕掉;如果第二点比第一点好,第一点以上已经被撕掉了,下一个试验在什么地点作呢?仍然是把剩余的纸条对折一下,顺着剩下的试验点所烧的洞烧过去,就得到了第三个试验点。然后再作比较,留下好的,撕去坏的。以后怎么作,不用我讲了吧!"

台下的人发出一片会意的笑声。

华罗庚接着说:"中国人民的智慧是无穷的,那么普通的工人、农民,根据我所讲的,将优选法编成了容易记忆的顺口溜:分析因素抓关键,确定范围用优选。先找 0.618,对折便得第二点。两次实验来比较,去掉不利那一边。如此反复做下去,很快便得最优点。"

华罗庚深入浅出,把十几年来统筹法和优选法推广过程中所总结出来的经验、体会以及在国内试验时的实例结合起来讲解,他讲得十分生动,在场的听众倾倒了、入迷了。

这场讲演在伯明翰大学引起了空前的轰动。伦敦数学会、剑桥大学、曼彻斯特大学等纷纷邀请这位数论学家前去讲应用数学。

一位应用数学的副教授感慨地说:"谁能相信,一个理论数学家能在应用数学上舍得花这么多的时间并且取得这样大的成就!"

伦敦数学会秘书长辛麦斯特博士听完报告说:"我个人认为,您的经验除了中国外,对其他许多国家的情况也是完全适用的。我只能期望,数学界能把您作为榜样铭记在心里,而去作出实实在在的成绩来。"

华罗庚是 5 月份到的英国,6 月份英国的学校开始放暑假了。华罗庚趁此机会,整理整理凌乱的资料和思绪,他列出了数值积分、混合型偏微分方程、哥德巴赫猜想、普及数学方法的经验等十几个方面的数学课题。

6月13日，对于华罗庚来说是非常重要的一天，在这一天，一个佳音从北京飞越大洋传到了华罗庚的耳畔——中共中央已经批准他入党了。

50年来的愿望，终于实现了！华罗庚的心情无比激动。他曾于1963年、1964年和1967年多次递交了入党申请书，这次出国前他又向党提出了入党申请，在这份申请书的末尾他写道："虽然现在蒲柳先衰，心颤、眼花、手抖、头发白，但决心下定，活一天就为党工作一天，活一小时就为党工作一小时，对党、对人民、对祖国起些微薄的作用。"

没想到在异国他乡能收到这个喜讯，华罗庚的喜悦之情外人无法用语言表达得清楚。他在《五十年来的愿望，三万里外的佳音》中用这样的言语，表达了自己当时的感受：

这个喜讯给我力量，深藏在我的心底，这力量支持着我到英、法、荷、德四国讲学。如果这次讲学任务能完成得比较好，这是和这喜讯分不开的。就是这一喜讯，使我以艰难的步履，得以走完这段路程。

因为这不仅是我个人的荣辱、国民的荣辱，而且是党的荣辱，我讲得不好，工作得不好，就对不起党对我的期望。尽管关节经常疼痛，但一想起这是为党争光，就讲得起劲多了！这些我在讲前反复思考几遍，使我那颗爱国的心上又树起了为党争光的奋斗目标。

华罗庚在这段时间里除了整理资料外，还参加了一个场面热闹的欢送会，欢送一位英国学者前往美国定居，进行学术研究。

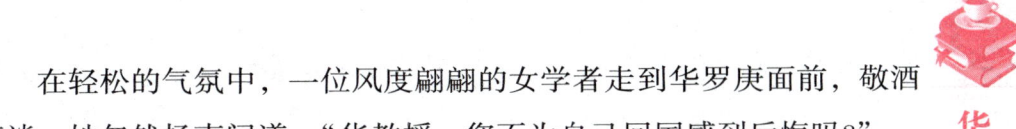

在轻松的气氛中，一位风度翩翩的女学者走到华罗庚面前，敬酒攀谈。她忽然扬声问道："华教授，您不为自己回国感到后悔吗？"

面对这位女学者不友好的提问，华罗庚坚定而又礼貌地回答说："不！我一点也不后悔，我回国，是要用自己的力量，为祖国做些事情，并不是为了舒服，活着不是为了个人，而是为了祖国。"

铿锵有力的回答，掷地有声，爱国的挚情，溢于言表。

那名女学者的脸刷地红了，她灰溜溜地挤进人群，消失了。而在场的人都对华罗庚的回答给予了热烈的掌声。

很快暑期结束了，华罗庚等人又开始了新的征程。同行的人以为华罗庚还是以《为百万人的数学》为题，继续应用数学的讲演，但是很快他们发现自己错了，这次华罗庚的讲演不再是自己定题目，而是改为让各个学校自己在他所总结的那十几个课题中任意选择。

同行的人不无担忧地说："华老，这也太冒险了吧！毕竟咱们脱离世界已经有10年了。"

华罗庚没有理会大家的担心，反问道："你们谁会下棋啊？"

大家困惑地看了看华罗庚，有的人接茬道："我会。"

"那你喜欢和什么样的人下棋呢？是比你强的？还是不如你的？"

"当然是比我强的，只有和比自己强的人下，才能把棋艺提高上去。"

"下棋和学术是一样的，只有不断地学习别人的长处，自己才能有所进步。如果我们只是讲别人不专长的，把讲学变成形式主义走过场，那我们此行会像过眼云烟一样，给别人留不下什么印象，对自己也没有什么益处。"

大家想想觉得有道理，但还是有些担心，问道："华老，这些年您一直从事应用数学的研究，理论上的东西……"

华罗庚笑着说："是不是怕我把理论都忘光了啊？"

"没，没，您千万别误会。"

"我虽然忙着四处宣传'双法',但是理论一直也没有丢,而且对爱因斯坦的相对论进行了深入的研究,还颇有心得呢。"

"原来,华老您早有准备啊!"

"那不是准备,而是应该做的。我认为学习是一个持之以恒的过程,不能因为环境的变化而有所改变。"

在场的人点点头,都被眼前这位"弄斧必到班门"的老人所折服。

华罗庚的讲题可以任邀请他的大学选择,多数大学都选择了自己的学校擅长的讲题。开始的时候有的人抱着看笑话的心理,期待在讲演中看到华罗庚出丑,故意拿一些刁钻古怪的问题和他讨论。

每当这个时候,华罗庚都会很认真地对待,竭尽所能地回答提出的问题,不明白的时候谦虚地去询问答案。这样做的结果,不仅没人笑话华罗庚,反而深深地敬佩他的认真和好学。

渐渐地大家对待华罗庚的讲演都抱着一种求知的态度,再也没人进行刁难了。

随着他知识体系的完备,每一次的讲演都成为一个较大范围的国际学术会议,许多国家的学者纷纷赶到华罗庚作报告的地方。

有一天,一位从曼彻斯特赶过来的数学家对华罗庚说:"20年前,我选择了数学,是因为从您的自学经历中得到鼓舞,而现在我能幸运地见到您,聆听您的讲演,我感到非常激动!"

一位年轻的学者无比感慨地说:"当初从老师那里听说您的名字和您非同寻常的人生经历,就萌生了和您结识的想法,但是那时认为只能把您和那些先后去世的老一辈数学家们排列在一起的,放在心中。没想到,像您这样的一位知名的学者竟会突然出现在英国,出现在我们中间。您是一个伟大的数学家,您的精神和品格同您的学识一样被铭记在我们心间。"

那些在国外的华人们看到华罗庚,更是兴奋,他们激动地说:

"在国外我们始终是低人一等的,你的到来为我们中国人争了光,是我们中华民族的骄傲。现在我们也能挺直腰板对那些外国人骄傲地说'我是中国人了'。"

11月,华罗庚来到法国南锡大学,他是作为荣誉博士来参加授予荣誉博士学位的仪式的。华罗庚戴着博士帽,穿着红黑相间礼服,向坡形的讲堂上望去,只见那里站满了身穿博士袍的学者,其中有几个看上去已经80多岁了。

一会儿,主席宣布仪式正式开始。首先他向各位院士介绍了华罗庚在数学上所取得的成就。会场响起了热烈的掌声。接下来,南锡大学的校长为华罗庚披上绶带,颁发了博士学位证书和勋章,乐队奏响了雄壮的中华人民共和国国歌。

华罗庚跟随着节奏,轻声地哼唱起国歌,他的双眼凝视着冉冉升起的五星红旗,再也抑制不住激动的心情,泪水顺着眼角流了下来,他的心中默念:"祖国啊,荣誉属于您,祖国啊,这异国他乡奏起的国歌再一次说明了您的伟大,我将永远做您忠实的儿子!"

仪式完毕后,有一位西方新闻记者问华罗庚:"听说您年轻的时

候曾在美国任教，那时年薪已达到 2 万美元，而且汽车洋房样样都有，并且还为您专门配备了助手。"

"对，当时在美国的情景确实像你说的那样。"

"那您为什么要放弃那么优越的条件，而坚决回国呢？"

"哪个儿子不想妈啊！"华罗庚幽默地回答。

"回到自己的祖国我有什么后悔的呢？中国有句老话'子不嫌母丑，狗不嫌家贫'，我又怎么能够嫌弃那生我养我的祖国呢？对一个有理想的人来说，生活环境的变化是肤浅的东西，而实现自己的价值才是深层次的，谁有理由不热爱自己的祖国呢？热爱自己的祖国是一个永恒的真理。"

在场的人士听了，都十分敬佩地点了点头。

那位新闻记者竖起大拇指，非常激动地说："您是我见到的人中最优秀的！"

华罗庚没有辜负祖国对他的期望，在这历时 9 个月的欧洲之行中，他为新中国争得了荣誉，争得了骄傲。外国人看到华罗庚，听到他的名字会说："华罗庚真棒，中国真棒！"

华罗庚对此次欧洲之行也是感慨颇多，他赋诗道：

杜甫有诗《古柏行》，他为大树鸣不平。

我今为之转一语，此树幸得到门庭。

苗长易遭牛羊践，材成难免斧锯侵。

怎得参天二千尺，端赖丞相遗爱深。

树大难用似不妥，大可分小诸器成。

小材充大倾楼宇，大则误国小误身。

为人休轻做小事，小善原是大善根。

自负树大不小就，浮薄轻夸负此身。

担负新的重任

到了20世纪80年代,"双法"的重点从用于基层的管理和技术方面,转移到了用于规划和为大型企业重大管理决策提供论证方案方面。

有这样的一个转变是顺理成章的事情。那时国家开了一个关于长远规划会议,在这次会议上,邓小平提出,要克服过去不讲究经济效益的老毛病,要找出最优方案,各个部门都要实行优选法。

为了响应党中央的号召,许多的省市和部门都找到了华罗庚。

一天,华罗庚收到了煤炭部部长的来信,信上的大意是:现在,我们国家的能源紧张,所以对资金的利用要非常谨慎。就煤矿而言,资金是投在山西还是投在河南,还是投在贵州,各个地方都有可行性报告,但是到底投在哪儿最好,就变成一个很突出的问题。根据这种情况,希望华罗庚能够对煤炭基地的开发规划进行研究。

接到信后,华罗庚组织中国科协、中国科学院、国家计委、国家经委、电力部、铁道部、交通部、邮电部的专家进行了讨论,随后又以中国优选法统筹法与经济数学研究会为课题组长单位,组织煤炭、电机、铁道、航海、通信、能源等学会的20多位专家成立咨询专家组,赴两淮进行考察。

1982年夏,安徽两淮百里煤田骄阳似火,酷暑难当。华罗庚冒着近40度的高温,拄着根拐杖,头戴柳条帽,身穿矿工服,一瘸一拐地下到了矿井里,同工人、技术人员攀谈、了解情况。

到了星期天,大家都休息了,华罗庚却躲进了小屋,对这几天的了解情况进行汇总、分析。他常常从清晨5时多开始工作，一直至夜里23时。

对他这种拼命三郎的精神，大家看了是既敬佩又心疼，同行的专家对他说："华老，您能不能每天少工作一个小时？身体是革命的本钱，大家还希望多和您工作几年呢。"

看着大家那关切的目光，华罗庚笑着说："我知道自己的身体不好，所以才想多挤出点时间，否则留下太多的事情给别人做，我于心不忍啊。"

这是一种多么崇高的境界啊，大家听了都默默无语。只是自此后，主动加班的人越来越多。

经过两个月的奋战，华罗庚他们用"双法"论证和规划了两淮煤炭基地15年开发规模、建井顺序及外部配套工程的方案。

7月份，煤炭部组织专家在北京召开了对论证报告的验收会。在这次验收会上，专家组提出的两淮煤炭开发方案论证报告，获得了高度的评价。

煤炭部部长对华罗庚说："你领导的专家组和我们结下了不解之缘，10个煤炭基地的长远规划工作都希望你们参加咨询论证。"

这是对华罗庚领导的专家组的最直接的认可。本来此时华罗庚能够稍事休息，但是在8月份，他又不顾众人劝阻，再下淮南，到生产的第一线去办"坑口学习班"，帮助两淮煤矿培训人才。

此时的华罗庚毕竟年逾古稀，连续两个月的艰苦的煤矿生活，已经快榨干他的精力，此次又跑到第一线，他的身体明显吃不消了。在一天夜里，他的心肌梗死病又发作了。

煤矿派出专车，连夜把华罗庚护送回北京医院。

经过4个多小时的抢救，华罗庚终于暂时脱离了危险期，被送进了监护病房。

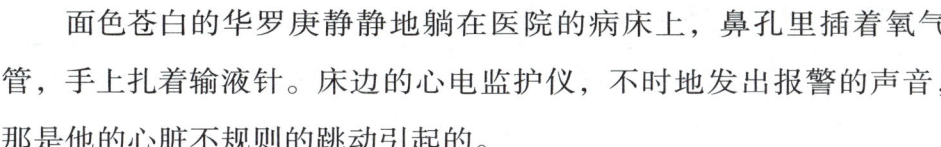

面色苍白的华罗庚静静地躺在医院的病床上,鼻孔里插着氧气管,手上扎着输液针。床边的心电监护仪,不时地发出报警的声音,那是他的心脏不规则的跳动引起的。

华罗庚对一切好像一点都没有察觉,他的脑子还在一刻不停地思考着进行中的工作。

这时,主治医生悄悄走了进来,看了看监护仪的情况,又进行了一番诊视以后,轻声说道:"华老,上次您出院的时候,不是叮嘱您不要这么操劳吗?您怎么不听话啊?"

华罗庚用微弱的声音说道:"实在是不好意思,我也没想到自己的身体这么差,我们在一起的有100多人,他们都比我忙多了,日夜不停地工作。大家知道我身体不好,什么都不让我干,没想到我还是病了。是老的,不是累的……"

为了能够让华罗庚安心养病,医院领导下达指令:禁止一切探访。本来华罗庚打算等病情稍微稳定一点,就召集他的学生们来医院,大家一起商讨问题,但是医院的这个命令,让他的这个想法落空了。

华罗庚躺在病床上,不停地在想,"我能干点什么呢?既不违反医院的规定,又不把这时间白白浪费了?"

突然一道灵光,在他的脑海中闪过,"对,我应该把数学手稿重新回忆记录下来。"

其实这个想法早就有了,但是他一直踌躇不定:其一,时隔多年,不知道从哪里回忆;其二,推广"双法"规模较大,费力较多,何况在推广过程中又有各种阻力,必须边排除干扰,边摸索前进;其三,蒲柳先衰,精力不济,基础科学是建房筑塔的基础,不可削弱,因而又得放上一些精力。因此对回忆和重写不敢轻易从事。

现在躺在病床上无事可做,正好是把那本失去的手稿回忆出来的好时候。华罗庚想到这里，便行动了起来。

几个月过去了，在出院的时候，华罗庚已经寻回了失却多年的把数学方法有效地用于计划经济理论的思想，而且还在病榻上为《数学方法与国民经济》一书写下了动人的序言。

其中写道：

> 但总算基本上补了一些出来了，可能忘记的更多，但也还可能有在那时的水平上加上20年来摸索经验的稍有提高处。但写法不能再是通俗易懂的笔调，因为那将多花许多倍的精力，考虑到与生命抢时间，尽心尽力为祖国，我将我血荐轩辕，因此，推导不再是步步写出，而是要求读者有独立推理能力。

> 总之，所写出来的不能算是著作，而是一扎扎杂乱的草稿，但是能用现代计算工具，有现代计算机运用的人，完全可以看得懂用得上……

华罗庚的心血没有白费，这个两淮煤炭基地规划方案结果是：建井周期可以缩短一年半至两年；建设规模可以加大，至20世纪末每年可减少北煤南运3000万吨，缓和津浦、京汉两条铁路运输压力。

十年后通过淮河、长江、大运河每年可以运煤1400万吨，节约大量运费。利用淮河运输不仅可以不占或少占农田，还可以挖航道造田，并为数十万亩农田创造灌溉条件，为城市提供清水，改善自然环境，保持生态平衡。

此后不久，万里副总理专门接见了华罗庚，对他们的工作给了很大的鼓励，并对今后的工作作了指示，提出了更高的要求。

万里要求华罗庚积极主动参加国家的长远规划工作，组织专家参加这些工作；组织人研究国家的重大项目，特别是与国外合作的项目。

随后他又提到了大庆的问题，说大庆在我们国家高产稳产已20年，能否继续稳产和高产，如果要投资，到底是投在大庆，还是投在胜利油田，或者投在新疆等。

像这样一些关系到国计民生的大的项目都交到了华罗庚手中，让他帮助完成规划。虽然这时的华罗庚已经满头白发，但是面对党的信任，他勇敢挑起了一个个重担，而且都圆满地完成了。

华罗庚将国民经济中所用的数学方法归纳为36个字：

大统筹，广优选，联运输，经统计，抓质量，理数据，
建系统，策发展，利工具，巧计算，重实践，明真理。

1985年春天，金碧辉煌的人民大会堂传出令人兴奋的新闻：华罗庚当选为全国政协副主席。

会后，众多的记者将华罗庚围在了中央。有的记者问："华老，您这次当选为全国政协副主席，有何感想？"

华罗庚微微一笑，说道："首先我感到非常荣幸，其次我觉得自己肩上的担子更重了。"

有的记者问："您对下一代有什么样的希望和要求？"

华罗庚回答道："我希望学生们能多学多思，多动手。多学，就是要启发学生们自学，不是靠灌输。古人提倡读万卷书，现在万卷书也不算多，放在硅片上就那么薄。"

"一个手提包就是一个图书馆。"他的学生插话说。

"是啊，光学还不行，要多思。国外有人说：中国学生考起来都呱呱叫，而要作毕业论文，就显得思索不够，独立思考不够。有的学

生作出了非标准答案，不仅不应扣分，还应当加分。现在不会思考，将来不如一台电子计算机。"

众人听了纷纷点点头，华罗庚又说："现在青年人羡慕老年人有知识、有能力、有经验，这是可贵的；中年人羡慕老年人有知识、有能力、有经验，这也是可贵的；老年人羡慕青年人有朝气、身体健康、思想活跃，这是老年人不能再获得的。所以，历史总是长江后浪推前浪，一辈新人胜古人。"

有的记者问："华老，您今后有什么打算？"

他笑着说："我计划在有生之年做两件事。其一，继续为国家一些重科技项目出力；其二，中央领导同志叫我写回忆录。前一件是必须做的，后一件事想做，但是不知是否力所能及。"

对于让华罗庚写回忆录的事情，叶剑英和胡耀邦都曾经要求过。胡耀邦曾经在1982年给华罗庚的一封回信中这样写道：

如果自然界能宽限你更多的日子，我希望你能把你一生为科学而奋斗的动人经历，以回忆录的形式写下来，留给年轻人。

你那些被劫走失散的手稿中的一些最重要的观点和创见，能不能夹在其中叙述呢？完成了它，我认为就是你在科学上的超额贡献了。

华罗庚曾对他的朋友秦文亮说："耀邦同志要我写回忆录，唉！叫我怎么下笔呢？"

是啊，他的一生实在太复杂太坎坷，从何下笔呢？实在难啊！所以这一工作迟迟未能动手。

在这次记者的提问中，华罗庚将写回忆录作为自己日后需要完成的一件大事，可是直至他去世也只是写出了一个提纲。最后的《华罗庚》由他的弟子王元花了整整八九年的时间才得以完成。

王元介绍写这本华罗庚回忆录时说："算起来，我开始写作《华罗庚》大概是在1985年。当时华老还在世，有一天，我说要到他家去商讨写传记的事，他就在我动身之后没到他家前，写下了一个简短的自传提纲，但里面只是讲到了他的数学工作。等到我开始写的时候，我觉得不能只写数学。我觉得华老的一生有两点特别打动我：

"一是他自学成才。他只上过初中，即使到了美国伊利诺伊大学当教授，他的履历上也只有初中的文凭。这一点对中国的年轻人奋发向上有特别大的鼓励。

"还有一点就是他的爱国，他第一次是1937年在英国的时候，正值抗日战争爆发，英国人要他留下教书，他却毅然放弃这些，在1938年回国，到了西南联大与同胞们共患难。

"他第二次是在美国，已经是伊利诺伊大学的终身教授了，但仍然带领全家返回祖国。他的这种爱国精神可以说是推动我写这本书的巨大动力。"

王元写这本书可谓困难重重。其中最大的困难，是查证历史资料。翻开《华罗庚》一书，可以看到每一章的末尾那长长的参考书目、文件的目录。

有人曾惊异地问他："你怎么能搞到这么多的材料的？"

王元说："是下笨功夫，一点一滴地坐在图书馆里大海捞针得到的。我写华老与文学家写传记不同，这本书里不会有一点虚构的、所谓想象的东西，我所有的描述都有出处，我是要让大家看到一个真实的华罗庚。"

华罗庚的一生要写得真实也实在是难，他的学术成就到底有多大？怎样去估计？他在中国近代科学与数学史中应该放在什么位置？

他在 20 世纪 50 年代回国值得吗？他从事普及数学工作值得吗？一切的一切都太难回答。

所以，这本 30 万字的书，王元竟写了八九年。《华罗庚》第一次面世是 1994 年，由开明书店出版。最近，《华罗庚》的修订版由江西教育出版社出版了，而且，以出版自然科学著作著称的德国斯普林格出版社出版了《华罗庚》的英文版，该社的《华罗庚》日文版也在翻译出版中。

《华罗庚》出版以后，共印了 27000 本，其中中国台湾的九章出版社印的繁体字版本在台湾一地就卖了 2000 本，台湾的"中央图书馆" 1994 年就将其收藏。

华罗庚所说的两件事都圆满地完成了，相信他在天之灵也会开心地笑的。

应邀赴美讲学

华罗庚的欧洲之行,使世界对中国有了更进一步的认识,为了进一步加深对中国的了解,世界各国纷纷向中国伸出了邀请之手。

1980年8月,华罗庚应邀去美国访问讲学。当离圣弗朗西斯海湾越来越近的时候,他的心情也越来越激动,心想:

30年了,离开这里30年了!想当初自己是"逃离"这里的,没想到30年后,竟然受邀来到这里。

此时,华罗庚的心中充满了自豪感。

当满头银霜的华罗庚手拄拐杖,走下飞机后立即被围拢了起来。摄影记者们的镁光灯在他的身上不停地闪耀。

"啊,他就是当代著名的数学大师——华罗庚教授!"

这次访问历时半年,华罗庚每到一处,都会受到当地的盛情相待。他的每次讲演,都会引起空前的轰动,往往需要借助警察来维持治安。

他在美国所作的报告主要是"关于在中国推广数学方法的若干个体会",在这报告中着重谈了优选法的原理、作用,以及如何推广等。

人们对华罗庚的报告给予了很高的评价,一位美国教授听完报告后,对华罗庚说:"如果以后有谁说数学没有用的话,那就拿你作为榜样去回答他们好啦!"

一个特地从加拿大赶来的教授说:"你的研究领域宽广,这在当今数学界中颇为罕见!"

华罗庚的讲演被誉为是国际数学教育会议四个全体会议报告中最精彩的一个。

在美国各地，时常有人带着各种不同领域里的问题，找上门来和华罗庚讨论、交流。

一天，一位纽约哥伦比亚大学的应用数学教授，专程从纽约赶到普林斯顿向正在那里访问的华罗庚交流优选法理论。

和华罗庚谈过以后，这位教授豁然开朗，连连点头称是。临别时，华罗庚把自己写的《优选学》一书的中文稿送给了他，他看了赞不绝口，主动要求将这本书译成英文在美国出版，并且很快就完成了译稿。后来，这位教授还多次写信或是打电话和华罗庚讨论问题。

美国的数学界开始为这位博学精深的数学奇才惊叹了，华罗庚的著作纷纷被译为各种文字发行，许多数学家主动把自己写的文章的油印本、预印本送给华罗庚。

这时，由美国伊利诺伊大学数学系主任哈伯斯坦教授主编的《华罗庚选集》即将完稿，他在序言里这样写道：

华罗庚1979年秋天在欧洲的突然出现，对我们许多人来说，是一个传奇式的事件，它使神话变成了现实。

长期以来，华罗庚在我们当代数学的编年史上，只不过是一个受人尊敬的名字。他本人出乎意料地出现在我们面前：庄严而活泼，朝气勃勃而富于智慧，宁静而又无休止地探索新的课题。这时候，我们才意识到长达30年时间里，他在国际舞台上消失，曾经引起我们多么深切的怀念。从他的著作中挑选出来的这些论文，是最有说服力的论据，而无须我们再做什么说明了。我希望它的出版是可代替我们最诚挚的话：欢迎你回来……

这次访问，华罗庚还会见了许多老朋友，这些几十年不见的朋友见到他非常高兴，有的紧紧地握着他的手，有的热烈地拥抱亲吻他，彼此在一起缅怀过去，依依不舍。

李普曼·波尔斯教授对华罗庚说："当时我真为你担心，许多人受麦卡锡主义的影响都不敢说话了，而你仍然那么大胆地鼓励在美的中国学生回国。"

"我做的事情是每个中国人都应该做的，实在不值一提。"华罗庚笑着说。

麦克雷恩教授关心地问："听说你回国后，你们国家的条件和这里比差远了？"

"不能把个人的享乐放在首位，能够回到祖国，为她增砖添瓦我已经很满足了。"

"你对现在的美国有什么看法？"卡普兰斯基问。

"坦率地说美国比中国发达，它的经济发展水平是世界一流的。我们都能看得出，30年来美国的进步是惊人的，已经进入了电子信息时代，科技发展的速度令人吃惊。"

华罗庚顿了顿又说："美国是个强国这是不可否认的，但是我们中国人也不差啊。想当初刚回国的时候，新中国刚刚成立，当时没有人，不怕！开始培养，没有设备、图书馆、资料，不怕！想办法搞去。最后经过大家的同心协力，终于白手起家，建立了一些家底，而且在某些领域赶上或是接近了世界水平！"

大家纷纷点头，表示赞同，斯宾塞说："你们中国现在的经济虽然不是很发达，但是有像你这样既爱国又有才能的人去建设她，我相信，不久以后，中国一定能够赶上美国的。"

老朋友们相聚一起，有谈不完的话，直至深夜大家才依依不舍地离去。

华罗庚以其杰出的成就赢得了美国数学家们的尊敬和友谊，他的来访大大增强了两国数学界之间的联系和了解。在美国各地，他还遇到了不少华裔的美籍学者，许多人都是国际知名人士，他们关心祖国的富强、人民的幸福，和华罗庚倾心长谈，提了不少有关中国实现四个现代化的意见和建议。

半年的时间里，华罗庚访问了美国26所大学、3家公司，总计讲演多达38次，参加的大小座谈讨论不计其数。华罗庚取得的惊人成果，在美国科学院引起了轰动。

1982年12月9日，香港中文大学授予华罗庚荣誉理学博士学位。在典礼上，陈天机教授宣读道：

数学向来被尊崇为科学中的皇后，而数论，则被尊崇为数学中的皇后，其地位崇高，不言而喻。因此，有人认为以严格和简洁著称的数论只宜屹立于高不可攀的学问巅峰，供人叹赏，而不能携入尘世，加以应用。但我国的华罗庚教授，就正是既能攀上数论的峰巅，又能将这一门学问应用于实际问题的罕有的数学家。

华罗庚教授虽以数论知名于世，但事实上用博学精深四字来形容他的学问，是再恰当不过的。

华罗庚教授早年家境清贫，生活艰苦，以致连中学教育亦未完成。事实上，多年前本人在美国攻读大学时，即有幸认识在普林斯顿高等研究所访问的华罗庚教授。当时他初露头角，风华正茂，坦荡自得。

两年以后，华罗庚以全票当选为美国科学院外籍院士。

历史上被选为美国科学院外籍院士的有元素周期表的发明者门捷列夫，发现镭元素的居里夫人，牛痘的发明者琴纳，英国的数学家哈代，物理学家法拉第，还有巴甫洛夫、普朗克等人。

他们都是世界上科学技术发展的奠基人和有重大贡献的泰斗级学者。华罗庚是第一位当选为美国科学院院士的中国人。

当美国科学院外事秘书马伦先生将手中的院士签名册递给华罗庚时，华罗庚突然问道："我想用我的母语签字，可以吗？"

"可以，当然可以！"

这句话迅速地传遍了全世界，传到了世界所有华人的耳朵里，也传到了远在大洋彼岸的祖国，人们欢腾了，纷纷致函写信向他祝贺。

国务委员方毅代表党和国家从遥远的祖国发来贺信："祝贺你，这是美国科学院 120 年历史里获得这个荣誉称号的第一个中国科学家！"

旅居美国的华侨们听到这个消息，纷纷奔走相告，他们兴奋地来到华罗庚的住处，用鲜花把这位为祖国赢得荣誉的科学家簇拥在中间。

有一位旅居美国 50 多年的老华侨激动地说："华先生，您真是我们炎黄子孙的骄傲，请你允许我按照外国人的习惯，给我未出世的小孙子起名为华罗庚。"

这位情意绵绵的老华侨，道出了无数中华儿女的心声，华罗庚不仅是位数学家，而且是中国人的骄傲！

在讲台猝然倒下

1985年6月3日，华罗庚应日本亚洲文化交流协会邀请，带领一批中青年业务骨干陈德泉、计雷等人，赴日本进行友好访问和学术交流活动。

此行要做的事情有两件：一件是进行数学应用方面的交流；另一件是准备在日本向他们报告准噶尔规划的情况，当时华罗庚他们正在做准噶尔煤矿的发展规划，准噶尔煤矿是由日本政府的人员带团去建的，所以需要到日本作这个方面的报告。

访问日本期间，华罗庚受到了日本数学界同行们友好的接待和热情的欢迎。华罗庚与日本学者讨论了他们提出的数学问题，他们对这位数学家的精辟论述感到非常满意。

同时，华罗庚也十分谦虚地向日本的应用数学家们学习，他向他们了解日本关于数学在国民经济管理和决策中的应用情况，并且亲自做了笔录。

准噶尔的报告会也开得非常成功。准噶尔的规划很丰富，因为它涉及准噶尔的1500万吨的能力建设。煤开采出来后，必须要解决运输问题，要解决电的规划问题。而且需要考虑准噶尔的建设，包括城市的取水怎么取，城镇工业怎么建设，甚至包括煤矿工人大多是男性，男女搭配地搞工业协调发展的问题。

汇报完毕，日方的领导给这次报告以非常高的评价，最后他说道："以后，凡是中国政府的人员带团来日本，只要是经过华罗庚小组论证的我们都通过。"

访日前，日本数学会在访问计划中提出，希望华罗庚能够作一次学术报告。6月9日,华罗庚从日本箱根回到东京后,连续两天谢绝各种活动,认真准备讲稿,直至深夜。

1985年6月12日下午13时30分,华罗庚从下榻的宾馆出发,访问日本学士院。在学士院他会见了日本数学界的院士们,并与院士们交换了自己最近出版的著作。随后,他参观了院长办公室。

应日本友人的邀请,他在留言簿写下这样的留言:

十分草率地来访日本学士院。祝两国科学交流日益繁荣。

华罗庚
1985年6月12日

谁也没有想到这竟是这位数学大师最后的墨迹了。

学术报告于下午16时在东京大学的大厅里举行。当这位两鬓银白的数学家,穿着崭新的西装,手持拐杖,笑容满面地出现在听众面前时,全场爆发出经久不息的掌声。

无须更多的语言介绍,在场的听众早已听说过这位数学家的事迹,人们用敬佩和仰慕的目光注视着他登上讲台。

16时12分,华罗庚开始了他题为"中国普及应用数学的一些体会"的讲演。

开始时,华罗庚用中文讲演,然后由翻译把他的讲演译成日语。到后来当报告讲到专门的数学问题时,华罗庚征求了会议主席和听众们的意见改用英文讲演。

这是对他自己从理论数学到应用数学的整个一生的总结。先从20世纪50年代的理论方面的工作讲起,讲至20世纪60年代统筹法和优选法思想的出炉,20世纪70年代,对"双法"的普及……

当华罗庚讲道:"在英国伦敦数学会,当我介绍了在中国的应用数学工作,有位教授问我的学生陈教授:'华教授肯定是百万富翁吧?'陈不好回答,就带他来问我。我回答说:'是的,我是亿万富翁。但是,钱不是在我的口袋里。我为国家做些事感到精神上是充实的,是亿万富翁。'"

正当大家听得入神的时候,提示时间到的铃声响了起来,华罗庚对会议主席请求道:"我的讲话超出了规定时间,请允许我再延长几分钟好吧。"

会议主席点点头,表示许可,华罗庚又接着讲20世纪80年代,应用数学开始向经济数学转变的过程……

计雷回忆这场讲演时说:"讲的过程,已经回到我20世纪60年代上科大的时候,他跟我们讲课的状态,甚至比那个时候还潇洒。原来华老是坐在轮椅上的,后来他站起来了,把西装脱掉了,一手拿着拐杖,一手拿着教鞭这么讲。"

原定的时间是15分钟,可是10分钟过去了,华罗庚还没有停止的意思,又10分钟过去了,他还没有结束的表示。这时候陈德泉和计雷不约而同地站了起来,跑到了前面。陈德泉指了指手上的表,小声地冲着华罗庚说:"时间超了很多了。"

华罗庚点了点头,又冲他们两个挥了挥手,意思是我知道了,你们先到旁边。然后继续他的讲演。

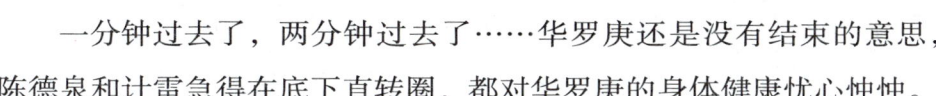

一分钟过去了,两分钟过去了……华罗庚还是没有结束的意思,陈德泉和计雷急得在底下直转圈,都对华罗庚的身体健康忧心忡忡。

17时16分,讲演结束了。在场的听众仿佛在数学的殿堂遨游了一通,一个个还在意犹未尽地回味着。过了一会儿,台下才爆发出热烈的掌声。

几个日本友人拿着鲜花争先恐后地跑上台,准备向这位伟大的数学家献花,正在这时,只听"咕咚"一声,再看华罗庚已从轮椅上滑了下去。

在场的中日教授和医生们赶紧跑了过去,只见华罗庚双目紧闭,脸色发紫,已经失去知觉。看到这种情况,大家纷纷给急救站打电话,并且千方百计地找来了东京大学心脏病权威杉木教授。

杉木教授赶到现场后,立即指挥抢救,亲自给华罗庚做人工呼吸和心脏按压。做了两次后,华罗庚自己能够呼吸了,心脏监视仪上出现了心脏搏动的波形。

大家长出了一口气,暂时停止了人工呼吸和心脏按压。可没过多长时间,心电图上表示心脏搏动的波形变小了,脉搏变得微弱了。杉木教授马上指挥医护人员进行急救。

傍晚,专家和医生们决定把华罗庚送到东京大学医院继续抢救。这时候,在场的所有听众还都没有走,他们自发地随着救护车来到了东京大学医院的急救室外,焦急地等候着。

20时27分,急救室的门开了,上百双眼睛齐刷刷地盯向了门口,只见东京大学的三井医生缓缓地走了出来。

中国使馆的人员问道:"医生,华老怎么样了?"大家全都屏住了呼吸,一脸紧张地望着三井医生。

三井医生摘下口罩,神情黯然地对中国使馆人员和代表团的成员们说:

"从18时15分起,我们又给病人使用人工呼吸和心脏起搏器,到现在已有两个小时了，但是他仍没有恢复血液循环和心跳，继续抢救已经没有意义了。是否可以停止一切措施，宣布死亡？"

"医生，求求您了，能不能再想些别的办法？开刀、换心脏，什么办法都行，只要能让华老再睁开眼，拿我们的心脏换都行！"在场的中国人员声泪俱下地请求着。

三井医生遗憾地说："对不起，我们已经尽力了。东京大学的急救部是整个东京医疗界的权威了，我们非常抱歉。现在是按照日本的惯例征求家属的意见，因为已经没有任何可能性再把华罗庚教授抢救回来了。"

1985年6月12日22时9分，东京大学附属医院宣布华罗庚教授去世。一颗蜚声国际数学界半个世纪的科学巨星陨落了！

后来，计雷针对华罗庚的去世说道："其实我后来的想法，华老最后这种状况是偶然也是必然的，为什么这么讲？华老实际上心梗三次，第二次心梗华老在北京医院时甚至说道，他宁肯战死在疆场，不肯在病床上倒下。

"后来华老还曾说过：'尽管心已极尽，哪顾水平高低，人民利益为前提，个人成败休计。奋不顾身的奋斗，考虑到与生命抢时间，尽心尽力为祖国，我将血溅轩辕，沙场报国得所，马革裹尸难齐。'"

华罗庚实现了自己的诺言，奋不顾身为了报效祖国，为了科技进步，为了国民经济的发展，他不顾身体的状况，抢时间，最后竟倒在疆场。

噩耗传来，举国悲痛，上至国家领导人，下至普通的工人、农民，无一不为中国失去这样一位为人民事业鞠躬尽瘁的优秀科学家而难过。

1985年6月15日下午，北京天空阴霾密布，久久不散，霏霏细雨似在哀伤涕哭。下午15时，载有华罗庚骨灰的中国民航飞机徐徐降落在首都机场。

人们多么渴望再能看见那个慈祥和蔼的老人，拄着拐棍大步流星地走下飞机。可是，当飞机的门打开后，大家看见的是华罗庚的长子华俊东满面悲怆，小心翼翼地用手捧着覆盖着中国共产党党旗的父亲的骨灰盒。

在场的人都禁不住泪流满面，此时心中的痛，不亚于失去至亲。

在随后的几天之内，国内外发来的唁电、唁函就有几百件。从国外发来的，有外国政府的要员、科学团体、华罗庚生前的友人、华人和侨胞；国内的唁电、唁函有中央领导同志的，有来自港澳地区的，还有许多是华罗庚生前去用应用数学指导过生产的工厂、油田、农村和解放军连队的。

这些唁电、唁函中，赞扬华罗庚为人类认识自然、发展同各国人民的友谊作出的贡献，对他的猝然病故深表惋惜和悼念。许多来自基层的唁电、唁函表达了人民群众对华罗庚的感谢和怀念。

1985年6月21日，在北京西郊的八宝山革命公墓礼堂，举行了隆重的为华罗庚教授安放骨灰的仪式。党和国家领导人及首都各界500多人，前来寄托他们的哀思。

礼堂正中悬挂着华罗庚的大幅遗像，骨灰盒上覆盖着鲜红的党旗。

礼堂四周摆放着邓小平、胡耀邦、叶剑英、李先念、陈云、彭真、邓颖超、徐向前、聂荣臻、乌兰夫等中共中央、中顾委、中纪委、全国人大常委会、国务院、全国政协的领导同志和中共中央、全国人大、全国政协、民盟中央、中国科学院、国家科委、中国科协、北京市领导机关和江苏金坛县等单位送的花圈。

中共中央政治局委员、国务院副总理万里主持了华罗庚的骨灰安放仪式。中共中央书记处书记、全国人大常委会副委员长陈丕显致悼词。

悼词是这样叙述的：

华罗庚同志是中国科学院主席团委员和数理科学部委员、中国科学技术协会副主席和中国民主同盟的卓越领导人，还是中国人民政治协商会议全国委员会副主席。

华罗庚同志的逝世，是我国学术界和全国人民的一个重大损失。全国人民为失去一位伟大的科学家而万分悲痛。

华罗庚同志是我国现代史上杰出的数学家。他是中国解析数论、典型群、矩阵几何学、自守函数论与多复变函数论等很多方面研究的创始人与开拓者。他的完整三角和的研究成果被国际数学界称为"华氏定理"。

华罗庚同志一生为我们留下了200多篇学术论文和专著，由于他在科学研究上的卓越成就，先后被选为美国科学院外籍院士、第三世界科学院院士，法国南锡大学、美国伊利诺伊大学、香港中文大学荣誉博士，联邦德国巴伐利亚科学院院士。他的名字已载入国际著名科学家的史册。华罗庚同志是中国科学界的骄傲，是中华民族的骄傲。

华罗庚同志也是我国最早把数学理论研究和生产实践紧密结合作出巨大贡献的科学家。

华罗庚同志不仅是一位在困难条件下自学成才的杰出的科学家，而且是一位经历新旧两个不同时代，从爱国主义者转变为共产主义战士的我国知识分子的优秀代表。

华罗庚同志还是一位著名的社会活动家……

华罗庚同志尽一切可能扶持年轻一代成长。他十分注意发现优秀人才。他是新中国在中学生中开展数学竞赛的创始人、组织者。他引导青少年从小热爱科学，进入数学研究领域，扶持他们成为我国新一代的数学家。

华罗庚同志顽强拼搏，为四化奋斗到最后一息。今年6

月3日，他带领一批中年业务骨干赴日本进行学术交流。在向日本数学界作学术报告的讲坛上，当讲完最后一句话时，心脏病突发，抢救无效。

我们敬爱的华罗庚同志，为加强中日两国人民和科技界人士的友好合作献出了宝贵的生命，实现了他"最大希望就是工作到生命的最后一刻"，为共产主义事业奋斗终生的壮丽誓言。

悼词中对华罗庚一生功绩的缅怀，更增添了人们对他，一个把毕生精力都献给祖国科学事业的优秀知识分子的敬意。

肃立在华罗庚遗像和骨灰盒前的习仲勋、王震、方毅、杨尚昆、宋任穷、胡乔木、邓力群、乔石、刘澜涛、段君毅、程子华、彭冲、朱学范、阿沛阿旺晋美、严济慈、胡愈之、荣毅仁、张劲夫、郑天翔、杨静仁、康克清、胡子昂、钱昌照、杨成武、陈再道、吕正操、包尔汉、缪云台、费孝通、赵朴初、屈武、马文瑞、茅以升、钱学森、钱三强、贝时璋、黄家驷等中央及各有关部门的领导同志和华罗庚的一些生前好友，以极其沉痛的心情，向他的遗像和骨灰盒深深地三鞠躬，并走到守护在灵前的夫人和子女、亲属们的面前，握手表示深切的慰问。

华罗庚的学生陈景润和王元也来了。他们的话，表达了大家共同的心声。

"太难过了，太难过了，我的老师华罗庚教授去世，对我是个沉重的打击。"陈景润抱病坐在轮椅上含着眼泪说。

中国科学院数学研究所所长王元表示：一定要学习华罗庚热爱党、热爱祖国、热爱人民的思想品德，完成他老人家未竟的事业，沿着他老人家没有走完的道路继续走下去。

听说今天要为华罗庚举行骨灰安放仪式，一些省委、省政府和省科委，一些工厂、农村、部队和个人，把送来的挽幛、挽联挂放在公墓礼堂外的树丛上。

有首挽诗写道：

> 将军死在战场，学者死在书房，可敬的您耗尽一腔心血，光荣地死在科学讲坛的岗位上……

人们所以有这种心情，不仅由于他是全国政协副主席、全国人大常委会委员、民盟中央副主席、中国科学院主席团成员、数理科学部委员、中国科协副主席，也是由于他甘做"人民数学家"的可贵精神，他"祖国中兴宏伟，死生甘愿同依"的无私奉献精神。

正如有的唁电中所说：想人民之所想、急人民之所急的人，人民永远不会忘记他。

附 录

学习和研究好比爬梯子,要一步一步地往上爬,企图一脚跨上四五步,平地登天,那就必然会摔跤了。

—— 华罗庚

经典故事

勇于冲破思想束缚

华罗庚在上海中华职业学校读书的时候,有一次国文老师出了一个"周公诛管蔡论"的作文题目。

依正史说法,管叔、蔡叔都是周武王的弟弟,武王去世以后,成王继位,当时他的年纪尚小,于是由周公旦代为处理朝政。管叔、蔡叔欺负成王年幼,趁机连同一个叫武庚的人一起造反,想推翻成王,自立为王。结果周公率领大军平定了叛乱,管叔和蔡叔被杀。

大多数人都是写周公诛管叔、蔡叔诛得对。但华罗庚却做"反面文章",他说周公倘若不诛管叔和蔡叔,说不定他自己也会造反的。正因为管蔡两人看出他的意图,所以周公才把管蔡杀了灭口。但他既然用维护周室的名目来诛叛逆,所以自己才不便造反了。

那位国文老师看了这篇作文非常恼火,气得大骂华罗庚:"你、你敢污蔑圣人!"

华罗庚辩解说:"倘若您只许有一种写法,为什么您出的题目不叫作'周公诛管蔡颂'而叫'周公诛管蔡论'呢?既然题目有'论'字,那就应该准许别人'议论',是议论就可以有不同的意见!"

国文老师听了这话更是火冒三丈,喊道:"谬论!谬论!一派胡言!"

华罗庚一脸不服气地反问道:"既然说是谬论,那请您给我解释解释'论'的含义。"

"论就是,就是……"国文老师语塞了。

由于这段辩驳逻辑性很强,国文老师找不到反驳点,最后只得不了了之。

为国家不怕牺牲

在大西南宣传统筹法的日子里,华罗庚曾多次遭遇生死的考验。

有一天,天刚蒙蒙亮,华罗庚他们又起来赶路,汽车在蜿蜒盘旋的山路前进,大家都捏着一把汗,甚至有个胆小的女生在每过一道弯时,都会吓得尖叫一声。

大家提心吊胆地走过了大半的路程,这时险要的山路终于放宽了一些。大家的心情也跟着轻松了起来。

那个胆小的女生长出了口气,问华罗庚:"华老,您怕不怕?"

华罗庚笑着说:"本来不怕,但是被你那一惊一乍的叫声,弄得我的心也提了起来。"

大家听了这话哄然大笑起来,那女孩羞得跑到了前面。

正当车里充满了轻松愉快的气氛时,司机喊了一声"不好",来了个急转弯,结果车翻了过去,满车的人都被压在了底下,摔昏了过去。

过路的农民看到翻倒的吉普车里一丝动静都没有,以为车子里面的人都摔死了。他们用镰刀割开车棚上的篷布,把人一个个地拖出来,发现大家还都活着,就赶紧把他们送往医院。

幸好,车里的人都只受了轻微的摔伤,在医生的治疗下,他们很快恢复了健康。

那个女生这次又问华罗庚:"华老,您这次怕不怕?"

华罗庚这次没有和她开玩笑,很郑重地说:"不怕,个人的生死算得了什么!如果这条西南大动脉早日竣工通车,那么让我死十次,死百次都值得。"

聚精会神地苦读

那是一个盛夏的夜晚，树上的知了在不知疲倦地叫着，在"乾生泰"的小杂货店里，华罗庚正顶着酷暑，躲在昏暗的油灯下钻研。

妻子对他说："罗庚，我出去一下，你看着华顺。"

华罗庚头也没抬，随口应道："好，你走吧。"

妻子又冲刚刚学会走路的华顺摆摆手，说："宝贝，乖乖地和爸爸在屋里玩，妈妈出去一下就回来，你别乱跑啊，屋里的东西多，别把你给碰摔了。"

说完，妻子关上房门出去了。

华顺迈着蹒跚的步伐走到华罗庚的身边，拽了拽他的衣角，示意他陪自己玩。

华罗庚这时正在数学的海洋中遨游，心不在焉地随手拿了一根棒棒糖递给华顺："宝贝，你先吃糖，等爸爸做完这道题就陪你。"

打发完华顺，华罗庚又一头扎进了书本里。他像一匹不识途的奔马，闯进陌生的山野，眼前云山雾罩，他想啊想啊，忽然柳暗花明。

他正要去写涌出的答案，突然背上被人击了一掌，扭头一看，只见妻子气呼呼地站在跟前。

妻子冲华罗庚嚷道："孩子都摔成这样，你也不管！"

这时华罗庚才如梦初醒，听到地上传来"哇哇"的哭声。原来华顺一边吃棒棒糖一边在屋里玩儿，不知被什么绊倒了，刚巧摔在他的脚边，小脸上挂满泪珠，看来已经哭了好一阵子……

华顺长大后，常常指着身上留下的疤痕对人说："看，这就是我父亲华罗庚在我小时候只顾看书没时间照顾我的'杰作'。"

重才不重貌

一天，华罗庚收到一封来自广州中山大学的来信，信是一个名叫陆启铿的学生写的，他在信中叙述了自己的身世、身体条件、学业情况，特别是写了他对数学研究的兴趣，表示愿意做华罗庚的学生，在华教授的指导、关怀下，在数学领域研究一辈子。

华罗庚边看信边琢磨这个人是谁，突然他一拍桌子，说道："哦，我想起来了。"

坐在一旁的妻子吓了一跳，瞪了一眼华罗庚，说道："你做什么呢？一惊一乍的，孩子们刚睡着。"

华罗庚歉意地说道："我想到这写信的人是谁了。"

"是谁啊？"

"你还记得我上次去广州给中山大学作报告回来后说的那名学生吗？"

"就是那个半身瘫痪，必须靠着双拐才能走路的残疾青年？"

"对，就是他。当时我作完报告，他还问了我很多问题呢。这封信就是他写的，他快毕业了，想做我的学生。"

妻子高兴地说："你不是和我夸他聪明吗？说他是搞数学的好苗子，现在他有这个想法，不是正好遂了你的愿。"

谁知，第二天华罗庚把自己的想法和大家宣布后，遭到了很多人的反对。

有的人说："您现在是无人不知的大数学家，钦慕、追随您的人不计其数，为什么要选一个不太清楚底细的人呢？"

也有的人说："那是个残疾青年，您要是真的同意他做您的学生，那在生活中他会给您带来很多麻烦的。"

华罗庚对那些反对他想法的人说："我选择学生，注重的是才不是貌，对那种以貌取人、用人唯亲的做法我是最不赞同的！"

不久，华罗庚给陆启铿写了回信，同意了他的请求。后来陆启铿在华罗庚的指导下，发奋学习，而今已成为有名的数学家。

年　谱

1910年11月12日，出生于江苏省金坛县一个小商人家庭。

1922年，入金坛县立初级中学学习。

1925年，初中毕业，到上海中华职业学校学习会计，后因家境贫寒，辍学回家。

1927年，和吴筱元结婚。

1929年，受雇为金坛县立初级中学庶务员，冬天，身患伤寒症，经过近半年治疗，病虽好了，但左腿落下终身残疾。

1930年春，论文《苏家驹之代数的五次方程式解法不能成立的理由》在上海《科学》杂志发表。

1931年，经清华大学数学系主任熊庆来和杨武之的推荐，到清华大学任助理员。

1933年，被清华大学破格提升为助教。

1934年，成为中华文化教育基金会董事会乙种研究员。

1935年，被提拔为教员。

1936年，赴英国剑桥大学访问、学习。

1938年，结束留学生活。回国后任西南联合大学教授。

1939年至1941年，在极端困难的条件下，写了20多篇论文，完成了第一部数学专著《堆垒素数论》。

1946年2月至5月，应邀赴苏联访问。9月，访问美国。

1950年，率领家人从美国回到北京，任清华大学教授。

1952年，中国科学院数学所成立，担任所长。成立计算机小组。

1953年，参加中国科学家代表团赴苏联访问。

1955 年，被选聘为中国科学院学部委员，即院士。

1956 年，筹备的计算机研究所成立。

1957 年，论文《典型域上的多元复变函数论》获国家发明一等奖。出版《数论导引》。

1958 年，被任命为中国科技大学副校长兼应用数学系主任。

1960 年，《运筹学》论文发表，开始尝试将数学理论研究用于国民经济生产实践。

1963 年，和学生万哲先合写《典型群》一书出版。《高等数学引论》出版。

1964 年，到贵州安顺等地试验统筹法。

1965 年，去西南深入工厂、农村、三线推广统筹法。

1969 年，推出《优选学》一书。

1970 年至 1975 年，先后到北京、天津、上海、黑龙江、浙江、江苏、河南、辽宁、河北、湖北、广西、广东、山西、陕西、四川、福建、贵州、云南等省市推广"双法"。在大兴安岭推广"双法"时，第一次患心肌梗死。

1977 年 2 月至 5 月到甘肃、山西等地做统筹运煤试验。

1977 年 4 月，被任命为中国科学院副院长。

1978 年，和王元合著的《数论在近似分析中的应用》出版。

1979 年 5 月，到英国、法国、荷兰、联邦德国访问。

1979 年 6 月，加入中国共产党。11 月，被法国南锡大学授予荣誉博士学位。

1980 年，应邀访问美国。

1982 年，到安徽两淮进行煤炭开发论证。秋天，第二次犯心肌梗死症。

1983 年 10 月，应美国加州理工学院邀请，赴美作为期一年的讲学活动。在美期间，赴意大利里亚利特市出席第三世界科学院成立大

会，并被选为院士。

1984年4月，在华盛顿出席了美国科学院授予他外籍院士的仪式，成为第一位获此殊荣的中国人。

1985年4月，在全国政协六届三次会议上，被选为全国政协副主席。6月3日，应日本亚洲文化交流协会邀请赴日本访问。

1985年6月12日，因患急性心肌梗死而逝世，享年74岁。

名 言

- 日累月积见功勋，山穷水尽惜寸阴。

- 自学，不怕起点低，就怕不到底。

- 人家帮我，永志不忘；我帮人家，莫记心上。

- 勤能补拙是良训，一分辛劳一分才。

- 努力在我，评价在人。

- 人说不到黄河心不死，我说到了黄河心更坚。

- 我能取得一些成就，全靠我的老师栽培。

- 观棋不语非君子，互相帮助；落子有悔大丈夫，改正缺点。

- 时间是由分秒积成的，善于利用零星时间的人，才会作出更大的成绩来。

- 虚伪的谦虚，仅能博得庸俗的掌声，而不能求得真正的进步。

- 行路，还是要靠行路人自己。

- 天才是不足恃的，聪明是不可靠的，要想顺手捡来的伟大科学发明是不可想象的。

- 学习和研究好比爬梯子，要一步一步地往上爬，企图一脚跨上四五步，平地登天，那就必然会摔跤了。

- 我们最好把自己的生命看作前人生命的延续，是现在共同生命的一部分，同时也是后人生命的开端。

● 自学，就是培养一种独立学习、独立思考的能力。

● 锦城虽乐，不如回故乡；梁园虽好，非久留之地。

● 要循序渐进！我走过的道路，就是一条循序渐进的道路。

● 科学是老老实实的学问，搞科学研究工作就要采取老老实实、实事求是的态度，不能有半点虚假浮夸。

● 科学成就是由一点一滴积累起来的，唯有长期的积聚才能由点滴汇成大海。

● 我想，人有两个肩膀，应该同时发挥作用，我要用一个肩膀挑着送货上门的担子，把科学知识和科学工具送到工人师傅手里；另一个肩膀可以作为人梯，让青年们踏着攀登科学的更高一层山峰。

● 任何一个人，都必须养成自学的习惯，即使是今天在校的学生，也要养成自学的习惯，因为迟早总要离开学校的。

● 独立思考能力，对于从事科学研究或其他任何工作，都是十分必要的。在历史上，任何科学上的重大发明创造，都是由于发明者充分发挥了这种独创精神。

● 钻研然后知不足，虚心是从知不足而来的。

● 不知就不知，不懂就不懂，不懂的不要装懂，而且还要追下去，不懂，不懂在什么地方；懂，懂在什么地方。

● 科学上没有平坦的大道，真理长河中有无数礁石险滩。只有不畏攀登的采药者，只有不怕巨浪的弄潮儿，才能登上高峰采得仙草，深入水底觅得骊珠。

● "难"也是如此，面对悬崖峭壁，一百年也看不出一条缝来，但用斧凿，能进一寸进一寸，得进一尺进一尺，不断积累，飞跃必来，突破随之。

● 科学的灵感，绝不是坐等可以等来的。如果说，科学上的发现有什么偶然的机遇的话，那么这种"偶然的机遇"只能给那些学有素养的人，给那些善于独立思考的人，给那些具有锲而不舍精神的人，而不会给懒汉。

● 在寻求真理的长征中，唯有学习，不断地学习，勤奋地学习，有创造性地学习，才能越重山跨峻岭。

图书在版编目(CIP)数据

华罗庚 / 袁占才编著. —北京:中国社会出版社,2012.9
(2022.6 重印)
(世界名人非常之路)
ISBN 978-7-5087-4135-2

Ⅰ.①华… Ⅱ.①袁… Ⅲ.①华罗庚(1910~1985)-生平事迹 Ⅳ.①K826.11

中国版本图书馆 CIP 数据核字(2012)第 201183 号

出 版 人:浦善新		策划编辑:侯 钰	
责任编辑:侯 钰		封面设计:张 莉	

出版发行:中国社会出版社	地　　址:北京市西城区二龙路甲 33 号
邮政编码:100032	编 辑 部:(010)58124867
网　　址:shcbs.mca.gov.cn	发 行 部:(010)58124866
经　　销:各地新华书店	

印刷装订:北京华创印务有限公司	开　　本:170mm×240mm 1/16
印　　张:13	字　　数:200 千字
版　　次:2012 年 9 月第 1 版	印　　次:2022 年 6 月第 4 次印刷
定　　价:49.80 元	

中国社会出版社微信公众号

中国社会出版社天猫旗舰店